マネジメントに役立つ

1on1の基本と実践がよくわかる本

今の時代のリーダーが身につけたい対話スキル

寺内 健朗
島田 友和 著

秀和システム

はじめに

　　現代社会は、急速な変化や多様性の拡大によりその複雑さを増しており、ますます対話が重要な時代となりました。様々な意見やバックグラウンドを持つ人々が、お互いを尊重しながら協力するために対話が不可欠となっています。

　　対話には力があります。その形式に力があるのではなく、対話を通じてお互いが真正面から向き合おうとする姿勢に力があるのです。

　　相手と向き合うためには、仕事の目標や問題だけでなく、期待や不安、喜びや怒り、過去や未来など、相手の抱える様々な認識にまで理解を深め、共に受け入れていく気持ちが大切です。それは決して簡単ではなく、相応の労力と覚悟が求められることになります。

　　それでもなお、対話が必要とされているのは、その労力や覚悟に見合うだけの価値があるからです。対話には発見があり、深化があり、お互いの成長があります。その成長は、自分がより自分らしく、相手がより相手らしく生きるために必要となる変化でもあるのです。

　　本書で扱う『1on1ミーティング』は、人と人、人と組織がお互いの成長に貢献しあう対話の機会です。これから『1on1ミーティング』を一緒に学び、より良い未来への一歩を踏み出していきましょう。

寺内 健朗

本書を手にとってくださりありがとうございます。近年1on1ミーティングは注目を集め多くの企業で導入され、今後も増え続ける傾向があります。本書は1on1について幅広く網羅しつつ、専門的な深さも兼ね備えています。1on1に興味がある、これから実践したい、すでに実践している方々にも役立つ内容となっております。

　効果的な1on1をするにはマインドとスキル、メンテナンスが重要です。本書ではマインドの育み方、スキルの高め方、自分自身のメンテナンスの方法などを紹介しております。エクササイズもありますので取り組んでいただくことで、より効果的な1on1ができるようになります。日頃のコミュニケーションも変化し、人間関係が良好になり信頼関係が構築されて心理的安全性も高まります。

　1on1に正解はありませんが、確かなことはメンバーが主役であることです。1on1がメンバーにとっての安心安全な場であるとともに、成長支援の場でもあります。メンバーが主体性や自律性をもって仕事に取り組み、パフォーマンスを発揮して成果をだせるような1on1を一緒に目指していきましょう。本書がみなさまのお役に立てれば幸いです。

　世界中の人たちが、健やかでありますように。心に安らぎがありますように。自分の人生でありますように。平和でありますように。幸せでありますように。

島田 友和

目次　Contents

第3章 1on1の技術や態度① 良好な関係のための傾聴

1on1の技術や態度②
質問で対話を促進する

1on1の技術や態度③
感じたことを率直に伝える

1on1の技術や態度④
自分自身の心身を整える

第6章

1on1のステップ①
メンバーと信頼関係を築く

第7章

1on1のステップ②
メンバーの思考を促進する

1on1のステップ③
メンバーの行動を後押しする

第 10 章 1on1に役立つヒント

1on1の全体像

　本書で扱う1on1の全体を示す構成図です。本文を読んでいて、迷ったりわからなくなった場合には、ここで現在位置を確認してみましょう。

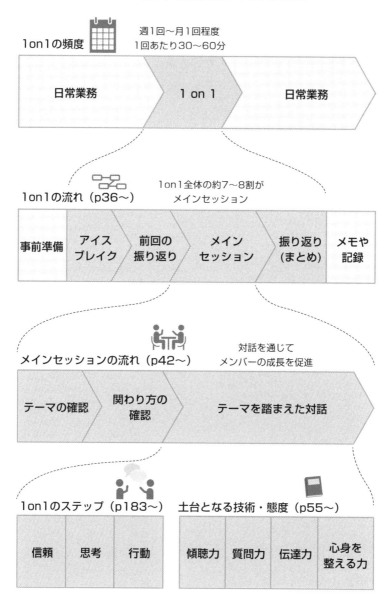

成果につながるメカニズム

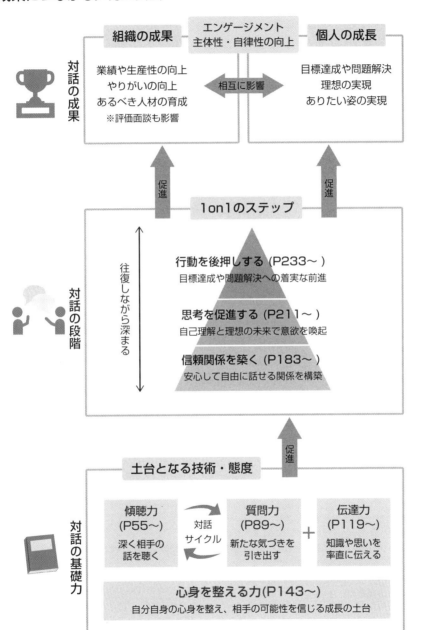

対話の成果

組織の成果 | エンゲージメント 主体性・自律性の向上 | 個人の成長

業績や生産性の向上
やりがいの向上
あるべき人材の育成
※評価面談も影響

相互に影響

目標達成や問題解決
理想の実現
ありたい姿の実現

促進

促進

1on1のステップ

対話の段階

往復しながら深まる

行動を後押しする（P233～）
目標達成や問題解決への着実な前進

思考を促進する（P211～）
自己理解と理想の未来で意欲を喚起

信頼関係を築く（P183～）
安心して自由に話せる関係を構築

促進

土台となる技術・態度

対話の基礎力

傾聴力
（P55～）
深く相手の
話を聴く

対話
サイクル

質問力
（P89～）
新たな気づきを
引き出す

＋

伝達力
（P119～）
知識や思いを
率直に伝える

心身を整える力（P143～）
自分自身の心身を整え、相手の可能性を信じる成長の土台

第1章

1on1とは①
1on1の目的と効果

近年、多くの企業で1on1ミーティングが広く導入されていますが、1on1とは一体どのようなものでしょうか？この章では、1on1が注目を集める理由や一般的な面談との違い、テーマの設定の考え方など、1on1の基本的な側面に焦点を当て、企業が1on1を導入する目的やそれによって得られる効果について解説していきます。

1-1

1on1とは

近年、多くの企業で導入が進んでいる1on1ミーティングとは一体どのようなものなのでしょうか？　これから1on1を学んでいくために、まずはその概要と基本となる対話サイクルについて学んでいきましょう。

1on1とは、上司とメンバーが定期的・高頻度に行う一対一の対話

●1on1ミーティングの概要

　1on1ミーティング（以下1on1）とは、上司とメンバー（部下などのマネジメント対象者）が、定期的・高頻度に行う一対一の対話です。業績の向上に重きが置かれる一般的な面談と違い、メンバーとの関係構築や思考・行動の活性化による成長の促進に重きが置かれ、メンバーの持つ可能性を最大限発揮してもらうことがその目的となります。

　そのため、1on1で扱うテーマの自由度は高く、業務報告や進捗確認だけでなくメンバー個別の**課題や悩み、目標、キャリア、将来のありたい姿**など幅広く焦点を当てます。

　つまり、1on1は「**メンバーのための時間**」であるといえるでしょう。

●多くの企業で導入が進む1on1

　1on1は米国シリコンバレーのコミュニケーションカルチャーが起源であると言われており、優秀な人材を確保し、高い**パフォーマンス**で活躍してもらうための手段として取り入れられています。

　近年では日本国内でも多くの企業で1on1の導入が進んでおり、社内のコミュニケーション促進や人材のパフォーマンス向上、**主体性・自律性**の育成や**離職予防**など様々な目的で活用されています。

● 1on1の基本的な対話サイクル

　1on1の対話では、メンバーの話したいことや伝えたいことを上司が注意深く聴いて受け止め、それに基づき考え（内省）や気づきを促すための質問をするのがサイクルの基本です。

　この**対話のサイクル**が適切に回っていくことで、**信頼関係**やモチベーション、**エンゲージメント**など様々な要素にポジティブな影響をを与えます。

　エンゲージメントとは、ワーク・エンゲージメントや従業員エンゲージメントとも呼ばれ、業務や組織にやりがいや誇りを感じながら、活力をもって働けるポジティブな心理状態であり、1on1の重要な目的の一つです。

　1on1の対話サイクルは、日常的に行われている業務上のやりとりとなんら変わらないと感じるかもしれませんが、その目的や関わり方が一般的な面談とは大きく異なっているのです。

　本書では、この対話のサイクルを適切に回すための**効果的なコミュニケーション**についてみなさんと一緒に学んでいきます。

1on1の基本的な対話のサイクル

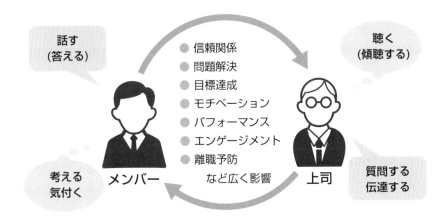

話す
（答える）

聴く
（傾聴する）

- 信頼関係
- 問題解決
- 目標達成
- モチベーション
- パフォーマンス
- エンゲージメント
- 離職予防

など広く影響

考える
気付く

メンバー

上司

質問する
伝達する

1-2

1on1が注目されている背景

1on1に注目が集まり、多くの企業で積極的に導入が進んでいるのはなぜなのでしょうか？
1on1が注目されている背景となる、経営環境の変化と会社の制度や働き方の変化について見ていきましょう。

企業と個人の関係が変化したことで1on1が注目されている

● 経営環境の大きな変化

1on1が注目されている背景には経営環境の大きな変化があります。

近年の主な経営環境の変化として、急速な**テクノロジーの進化・グローバル化**と人々の**価値観の多様化・少子高齢化**など様々なものがあります。それらの事象も関連して、現代は先行きが不透明で複雑、将来予測が難しい時代という意味から、VUCA＊（ブーカ）の時代と呼ばれています。

● 企業の制度や働き方の変化

企業はこのような激しい経営環境の変化に適応するため、新たな組織形態や人材マネジメントが求められるようになっています。これまでの終身雇用や年功序列は当然のものではなくなり、組織形態も**上意下達型**から、その時々の最適解を素早く探し出す**自律分散型**が重視されるようになっています。また、上司の役割も管理や指示ではなく、人材を資本として捉え、その価値を最大化するための支援に重きが置かれており、人材に求める要件も主体性や適応性へと変化しています。

また、**多様化する働き方**や**モチベーション**に対応するため、**フレックスタイム制**や**リモートワーク**（テレワーク）など、個人の裁量を重視する制度の導入も進んでいます。

＊Volatility（変動性）、Uncertainty（不確実性）、Complexity（複雑性）、Ambiguity（曖昧性）の頭文字をとった造語

つまり、これからの時代は、企業が起点となった主従関係よりも、**企業と個人がお互いに貢献しあう関係**が求められるようになるため、一人ひとりに焦点を当てる1on1が注目されているのです。

経営環境の変化

- 急速なテクノロジーの進化
- グローバル化や価値観の多様化
- 少子高齢化　●SDGs
- 将来予測が困難な状態 (VUCAの時代)

企業の制度や働き方の変化

	これまで(企業起点)	これから(個人起点)
企業の優先事項	生産性や利益の最大化	利益だけでなく 社会的存在意義も重視
組織の形態	上意下達型 終身雇用	自律分散型 雇用の流動化
上司の役割	管理・指示 (上司=正解)	支援・対話 (上司≠正解)
人材に求める要件	協調性・同質性・計画性 (人材は管理すべき資源)	主体性・成長性・適応性 (人材は投資すべき資本)
働き方	単一的な働き方	多様な働き方 (フレックス・リモートワーク)
働くモチベーション	地位・権力・金銭など 外発的動機を重視	価値観・幸福・成長など 内発的動機を重視
企業と個人の関係性	企業と個人は 主従の関係が強い	企業と個人が 対等な関係に近づく

このような変化から、一人ひとりを尊重する1on1が注目されている

1-3

一般的な面談と1on1の違い

一般的な面談と1on1は、どちらも上司とメンバーによる一対一の対話ですが、その目的や関わり方は全く異なります。1on1を効果的に実施するために、それぞれの違いや特徴について理解しておきましょう。

一般的な面談と1on1では関わり方や目的が大きく異なる

● 一般的な面談と1on1の違い

1on1を効果的に実施するための第一歩は、**個人面談**や**評価面談**などの一般的な面談との違いを理解することです。一般的な面談では上司が主体となってメンバーに指示を出し、メンバーはその指示に従い行動します。それによって企業の求める「こうあるべき」という人材へと成長を促し、業績の向上を目指します。

モチベーションに影響を与えるのは、上司からの**評価**やそれに基づく**報酬**です。業務の進捗や成果が思わしくないと、面談は緊張感のある重い雰囲気になる場合もあるでしょう。

一方で1on1はメンバーのための時間です。上司は**伴走者**となり、メンバーが主体となって考え、行動できるようサポートします。上司はメンバーの「こうありたい」を支援して、エンゲージメントを向上させていくのです。

モチベーションに影響を与えるのは、メンバーの価値観や成長といった主観的な内容です。そのため、1on1ではメンバーの話したいことが主なテーマとなり、**リラックス**した雰囲気で行われるのが一般的でしょう。1on1と一般的な面談それぞれの違いや特徴について理解した上で、1on1に臨んでみてください。

一般的な面談と1on1の特徴

	一般的な面談	1on1
関わり方	指導者として判断・指示 指示に従い行動	伴走者となって支援 自ら考えて行動
目的	業務進捗管理 人事評価 あるべき人材の育成 業績向上	関係構築 成長支援 ありたい姿の実現 エンゲージメント向上
頻度	必要に応じて都度実施 評価面談は四半期1回〜年1回程度	週1回〜月1回程度
主体	上司主体（業務主体） 上司の話すべきことが主なテーマ	メンバー主体 メンバーの話したいことが主なテーマ
モチベーション	評価や報酬などの外発的動機	価値観や成長などの内発的動機
雰囲気	進捗や成果によって雰囲気は変化 緊張感のある雰囲気になる場合もある	リラックスした雰囲気

1-4

1on1の効果と影響

1on1によって得られる効果や影響は様々です。導入後すぐに実感できる効果もあれば、定期的・高頻度に1on1を実施した結果として得られる効果もあります。ここでは、1on1の段階的な効果について解説していきます。

1on1には段階的な効果があることを理解してじっくり進める

● 1on1の段階的な効果と影響

「エンゲージメントを上げたい」「離職率を下げたい」「コミュニケーションを促進したい」など、1on1の目的は各社で様々ですが、そもそも1on1を実施することで期待される効果にはどのようなものがあるのでしょうか?

1on1によって得られる効果や影響には、導入後すぐに得られる効果もあれば、しっかりと時間をかけ、継続的・高頻度な対話によって得られる効果もあります。

初期は関係性に関わる効果が高く、対話が深まるとエンゲージメントや成長性への効果が高まっていきます。

1.対話の機会が増加

1on1の導入によってすぐに得られる効果の一つが対話機会の増加です。

対話が増えると密な情報交換ができ、業務状況だけでなく心身の健康状態も把握しやすくなります。

2.関係の質が向上

定期的な対話によって**関係の質**が向上すると、上司とメンバーに信頼関係が構築され、メンバーの悩みや不安、キャリアなど、個人的な話題も安心して話せるようになります。

3.メンバーの考えや行動が変化

　対話が深まり、メンバーの**強みや弱み**、ありたい姿などの**自己理解**が進むと、それを起点として気づきが生まれ、メンバーの考え方や行動が変化していきます。

　それにより、**問題解決**や**目標達成**、**能力開発**などの成果にも良い影響が現れてくるでしょう。

4.メンバーの成長 / 組織の成果（エンゲージメント向上）

　継続的にメンバーの支援を続けると、業務成果だけでなくメンバー自身の理想の実現にも寄与でき、メンバーの成長と組織の成果に好循環が生まれます。好循環はエンゲージメントを向上させ、主体性や自律性、離職予防などのさらなる成果に繋がります。

　1on1によって得られる効果の大きさやかかる時間は、上司の能力だけでなく、メンバーの素養や相性などによって変化します。

　1回の1on1で高い効果を得ようとせず、じっくりと腰を据えてメンバーと向き合いながら成長を支援していきましょう。

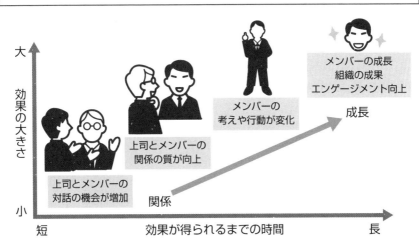

1on1の段階的な効果

1on1で意識すべき10の要素

効果的な1on1のためにはメンバーとの向き合う姿勢や態度が大切です。エンゲージメント向上のための10の要素を意識することで、上司とメンバーだけでなく、メンバーと組織の関係にも良い影響を与えます。

エンゲージメント向上の10Cを意識してメンバーと向き合う

● 1on1に求められる上司の向き合い方

1on1を効果的な時間にするために、上司はどのようなことを意識してメンバーと向き合うのがよいのでしょうか？　1on1はメンバーの成長を促進し、イキイキと活躍してもらうことが目的であり、個人と組織が相互に影響しあいながら、互いの成長に貢献しあう関係を目指しています。

そのため、メンバーが自身の業務や組織に対して強いつながりを感じ、主体的に貢献したいという思いを育んでいくことが大切です。つまり、エンゲージメントの向上を意識した関わり方が重要となるのです。

● エンゲージメントに影響する10の要素

オランダ・ユトレヒト大学のシャウフェリ教授は、（ワーク・）エンゲージメントを**活力**・**熱意**・**没頭**の3つの要素が揃った状態として定義しています。

また、カナダの経営学者で組織行動学の専門家であるジェラルド・セイツはエンゲージメントを向上させるために意識すべきこととして右図の10の要素・**10C**を提唱しています。これらの要素を意識することで、上司とメンバーの関係を深めるだけでなく、メンバーと組織の関係にも良い影響を与えるでしょう。

この10Cをチェックし、意識できていない要素があれば気をつけてみてください。

エンゲージメント向上のための10C

要素	概要
つながる (Connect)	メンバーと誠実に向き合い、その意見や考え方を尊重する。不誠実で見下すような態度からはつながりが生まれない。
キャリア (Career)	やりがいのある業務や目標を設定して挑戦の機会を作り、キャリアアップや成長を感じさせる。成長がないとやりがいが得られない。
明確さ (Clarity)	ビジョンや目標の重要性、達成条件を明確に伝え、メンバーの取り組みがそこに寄与していることを伝える。目指す先が曖昧なのはNG。
伝える (Convey)	メンバーに対する期待と改善点を、肯定的で建設的なフィードバックとして伝える。否定的なフィードバックでは前向きになれない。
祝福する (Congratulate)	メンバーの活躍や優れた業績を認めて褒め、共に祝福する。失敗や懸念点にばかり焦点を当てるとやる気を失ってしまう。
貢献する (Contribute)	メンバーの業務が組織の成功と未来に関連し、貢献していることを伝える。大きな価値への関連が感じられないと意義を見失ってしまう。
コントロール (Control)	メンバーが自分で仕事の流れやペースを管理できる機会を提供する。何もコントロールできないと感じると主体性や自律性が失われる。
協力する (Collaborate)	チームワークを奨励して積極的にその機会を作り、信頼と協力を育む。一人で自己利益を追求し始めると成果が得られにくくなる。
信頼性 (Credibility)	組織の評判と信頼性を維持し、業務や組織に対して誇りを持てるようにする。組織への不満や不信感は貢献意欲を削ぐことになる。
自信 (Confidence)	上司は高い倫理観と業績意識により、自信を持ってメンバーと接する。不安感や劣等感はメンバーの自信にも悪影響を及ぼす。

出典：Gerard Seijts, et al（2006）What engages employees the most or, The Ten C's of employee engagement を基に筆者作成

第1章　1on1とは①　1on1の目的と効果

1-6

1on1のテーマ設定

1on1はメンバーが主役ですので、話すテーマはメンバーに決めてもらいます。慣れないうちは「どんなテーマがいいのか」悩むことも少なくありません。テーマに悩んだときは「すり合わせ9ボックス®」を参考にしてみましょう。

テーマに悩んだら「すり合わせ9ボックス®」を参考にする

●すり合わせ9ボックス®

　右図において縦軸は「業務レベル、個人レベル、組織レベル」の3つの空間軸があります。横軸は「過去、現在、未来」の3つの時間軸に分けて、縦軸と横軸を掛け合わせて9つのテーマができます。この中から話すテーマをメンバーに選んでもらいましょう。9つのテーマについてイメージを持っておくだけでもテーマを考えるヒントになります。

　9つのテーマについて、具体的な例を以下に示します。

- **理念・制度・カルチャー**　経営理念や価値観、制度、歴史や文化などについて
- **人間関係**　チームメンバー、上司やメンバー、他部署などの人間関係などについて
- **組織方針**　今後の組織方針や全体進捗などについて
- **パーソナリティ**　性格や特性、価値観、強みや弱み、リソースなどについて
- **ライフスタイル**　心身の健康、家族、趣味や関心事、生活や人生などについて
- **将来キャリア**　将来のやりたいこと、ありたい姿などについて
- **振り返り**　業務を通じての気づきや学び、失敗や成長などについて
- **業務不安**　仕事の悩みや不安、モヤモヤや困惑、緊張や焦りなどについて
- **業務改善**　今後の業務の効率化や改善、仕組みや運用などについて

　テーマが浮かばないときは**すり合わせ9ボックス®**をメンバーと見ながら、テーマを一緒に考えるのもよいでしょう。これらの中からテーマを選んでも、これら以外のテーマを選んでもメンバーが選んだテーマを尊重しましょう。

すり合わせ9ボックス®を参考にテーマを決める

空間軸

	過去	現在	未来
組織レベル	理念・制度・カルチャー	人間関係	組織方針
個人レベル	パーソナリティ	ライフスタイル	将来キャリア
業務レベル	振り返り	業務不安	業務改善

時間軸

出典：世古詞一『対話型マネジャー 部下のポテンシャルを引き出す最強育成術』（日本能率協会マネジメントセンター）をもとに作成

テーマですが、仕事の振り返りをしたいです

はい。テーマは仕事の振り返りですね

1-7

上司は「教えてもらう」プロになる

自分のことについて一番詳しいのは自分自身です。つまり、メンバーのことに一番詳しいのは、上司ではなくメンバー自身です。1on1は上司がメンバーを指導するのではなく、上司がメンバーのことについて本人から教えてもらいます。

上司はメンバーに「教えてもらう」が基本姿勢

●「指導」ではなく、メンバーに「教えてもらう」

　一般的な面談ではメンバーと関わるときの上司は、自分の方が知識や経験があり、役職が上ですので指導するような姿勢になりがちです。この場合は、上司が上、メンバーが下という縦の関係になり、上司が主導してメンバーが受身になります。

　1on1ではこのような前提をとりません。1on1の主役はメンバーです。たしかに仕事や会社については上司の方がメンバーよりも詳しいことが多いかもしれません。

　しかし、仕事一般についてではなく、「メンバー自身」のことについてであれば一番の**専門家はメンバー自身**です。メンバーが本来はどういう人間なのか、どのような価値観を持っているのか、どんなスキルを持っているのか、何にやりがいを感じているのか、将来どのようなキャリアを考えているのかなどについて、一番よく知っているのはメンバー本人です。上司はメンバーのことについて本人に教えてもらいます。

● メンバーを理解することで応援できる

　上司はメンバーの話を丁寧に聴き、考えや気持ち、言わんとしていることを理解するようにに努めます。信頼関係が築けると、メンバーは心を開き、**ぽろっと本音を話す**ようになります。たとえば「新規事業にやりがいを感じていますが、成果が出ないので不安で苦しいです」といった悩みや本音を話すようになります。上司がメンバーをリスペクトし、理解して信頼できれば、メンバーを**応援**したくなります。応援されたメンバーはその期待に応えようとします。そうなればメンバーのモ

チベーションは高まり、主体的に行動するようになります。

　上司はメンバーを指導することも重要ですが、1on1ではメンバーから教えてもらう、「オ、マイ・ティーチャー」（あぁ、私の先生よ！）という姿勢でかかわりましょう。

上司は指導ではなく、メンバーから教えてもらう

メンバーはメンバー自身についての一番の専門家

メンバーをリスペクトして、
理解し信頼することで
メンバーを応援できる!!

メンバーは信頼している
上司に応援されると
その期待に応えたくなる

1-8

「関係の質」を高めて
結果を生み出す

1on1の目的は、メンバーとの関係構築、成長支援、組織の成果に貢献することです。結果を出す組織と結果が出ない組織は何が違うのでしょうか。マサチューセッツ工科大学のダニエルキム氏が提唱した「組織の成功循環モデル」が参考になります。このモデルには「グッドサイクル」と「バッドサイクル」の2つのサイクルがあります。

グッドサイクルを回すことで結果が出せる

● グッドサイクル

　グッドサイクルは「**関係の質**」からスタートします。グッドサイクルの起点となる「関係の質」や「心理的安全性」を高める施策として1on1は効果的です。メンバーを尊重したコミュニケーション、**感謝や承認**をすることで「関係の質」が高まります。メンバーは心理的に安心することで、「新しい企画にチャレンジしてみたいな」「この部分を改善すると生産性が高まるかも」と仕事をポジティブに考え「**思考の質**」が高まります。「思考の質」が高まると、当事者意識を持って積極的に行動して「**行動の質**」が高まります。そして、行動の量と質が高まることによって、結果が出て「**結果の質**」が高まるのです。「結果の質」が高まると、信頼関係が高まるので、さらに「関係の質」が向上し、グッドサイクルが回ります。

関係の質	自他尊重、一緒に考えて協力する、心理的安全性が高まる
思考の質	ポジティブ思考、建設的な思考、気づきやアイデアが増える
行動の質	当事者意識を持ち、主体的、自律的に行動する
結果の質	結果がでる

● バッドサイクル

　バッドサイクルの組織は、「**結果の質**」からスタートします。数字や結果ばかりを求められ、メンバーはネガティブな感情を持ち、「関係の質」が低下します。「関係の質」が低下すると、上司とのコミュニケーションを減らしたい、上司に批判されないようにするためには、と仕事と関係ないことを考え「思考の質」が低下しま

す。「思考の質」が低下すると、行動も消極的になって「行動の質」が低下します。そして、行動の量と質が下がることによって「結果の質」が低下するのです。「結果の質」が低下すると、人間関係が悪化するので、さらに「関係の質」が低下し、バッドサイクルが回ります。

結果の質　結果が出ない
関係の質　批判、否定、対立、命令、押しつけ
思考の質　ネガティブ思考、非建設的な思考、モチベーション低下
行動の質　消極的な行動、受身の行動、非建設的な行動

グッドサイクルとバッドサイクル

▶グッドサイクル

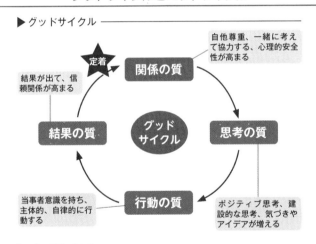

▶バッドサイクル

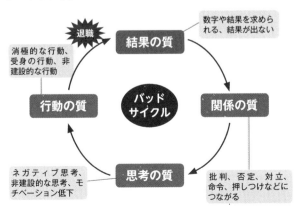

Column ①

あなたは自分の1on1を受けたいですか?

　多くの企業で導入が進んでいる1on1ですが、この取り組みを苦手だと感じている人（主にメンバー）がいるのも事実です。

　筆者が耳にした声の中には、以下のような理由が挙げられていました。

「業務報告をするだけなので1on1の意味がない」
「毎回話すテーマを考えないといけないのが大変」
「将来の夢を話したら、笑われてダメ出しされた」
「本音を話したら心象を悪くして評価を下げられそう」

　このような状況もあり、これから上司として1on1を行うみなさんに考えてほしい質問があります。それは「あなたは自分の1on1を受けたいですか?」ということです。

　考えてみてください。

　あなたが新入社員だと仮定します。あなたの上司が、現在のあなたとまったく同じ言動や性格の持ち主であったとしたら、あなたはその上司の1on1を受けたいでしょうか?

　もし「う～ん…」と悩むようであれば、なぜそのように感じるのかを考えてみてください。メンバーにとって有益な1on1を行うためには、まず自分自身が受けたいと思うような1on1を実践する必要があるのです。

第 2 章

1on1とは②
1on1の進め方

1on1をスムーズに進めていくためには、1on1の基本的な流れや、そこで必要とされる基礎力について知っておくことが大切です。この章では、アイスブレイクやメインセッション、振り返りといった、1on1の各段階におけるポイントや注意点に焦点を当てると共に、1on1が成果や成長に繋がっていくメカニズムについて解説していきます。

2-1

1on1を始める前の導入説明

1on1は日々の業務で行われている報告・連絡・相談といった仕事中心のやりとりではなく、メンバーが中心となって行われるメンバーのための対話です。そのため、1on1を始める前の導入説明として、1on1の目的や概要についてしっかりと説明し、理解してもらうことが大切です。

1on1を始める前に導入説明を実施してお互いの認識を合わせる

● 1on1の導入説明を行う

　1on1は、通常の業務で行われる面談や会議とは違い、**メンバーが主役**となって進む特別な取り組みです。

　そのため、新たに1on1を始める場合には、対象となるメンバーに対してしっかりと導入説明の時間を設ける必要があります。導入説明でメンバーと認識を合わせておくべき基本的な項目は以下の3つです。

　また、この3つの項目以外にも、1on1の目的やメンバーとの関係性に合わせて認識を合わせておいたほうが良いことがあれば、事前に説明をしておきましょう。

・1on1の目的と概要の説明

　まず始めに1on1の目的の説明を行います。会社として1on1にどのような狙いや意図があるのかをメンバーと共有して認識を合わせておきます。また、実施頻度や1回あたりの時間などの概要についても確認しておくとよいでしょう。

・メンバーのための時間であることの説明

　1on1はメンバーのための時間であり、この時間の中で話すテーマはメンバー自身が自由に決めてよいということを確認しておきます。

・守秘義務の説明

　1on1では仕事の話題だけでなく、人間関係や私的な話題も扱うため、**守秘義務**として許可なく内容を他言しないことを確認しておきます。それによりメンバーの**安心感**も高まるでしょう。ただし、会社への最低限の報告義務や、違法行為・自傷他害のリスクについてはこの限りではないと伝えてください。

● 導入説明の対話例

　上司：「…というのが1on1を行っていく目的です。1on1の実施は2週間に一度、30分で進めていきます。1on1はAさんの成長を支援していくための取り組みでもありますので、これからよろしくお願いします」（**目的と概要**）

メンバー：「1on1ですか。わかりました、よろしくお願いします」

　上司：「1on1はAさんのための時間です。話す内容は業務進捗や目標達成だけでなく、キャリアや人間関係など、Aさんの話したい内容でかまいません。自由な対話の場だと思って気楽に話してください」（**メンバーのための時間**）

メンバー：「1on1で話す内容は私が自由に決めてよいのですね」

　上司：「そうです。ここで伺った内容は他言しませんので、安心して話してください」（**守秘義務**）

メンバー：「わかりました、ありがとうございます」

　上司：「これから1on1を進めていく上で気になることはありますか？」

メンバー：「大丈夫です。よろしくお願いします」

　1on1はメンバーのための時間です。通常の面談や会議とは性質の異なる取り組みであると理解してもらうことで、メンバーにも安心感が生まれ、1on1への導入がスムーズになるでしょう。

2-2

1on1の構成要素と全体の流れ

効果的な1on1を行うためには、なによりもまず1on1の基本的な構成要素や全体的な流れについて把握しておくことが大切です。一般的な1on1の構成要素や流れについて理解をした上で、自社やメンバーに合わせた最適な1on1を目指していきましょう。

1on1の構成要素を理解して全体像を把握する

● 定期的・高頻度な対話

　1on1は、業務上の問題や課題、相談の有無に関わらず定期的・高頻度に実施することがポイントです。問題が起きてから、その対処のために行われる単発的な対話は1on1とは言えません。定期的・高頻度な対話は、すでに起きている問題の対処だけでなく、将来の問題を未然に防ぐための機会にもなり、目標達成や能力開発といったメンバーの成長を促進する伴走者になることができます。

● 1on1の流れと構成要素

　1on1の最適な実施頻度は、会社の体質や1on1の目的によって異なりますが、**週1回～月1回程度、1回あたり30 ～ 60分程度**が一般的です。

　1on1の基本的な流れとして、アイスブレイク・前回の振り返り・メインセッション・振り返り（まとめ）があり、効率的な1on1のために事前準備や事後でのメモや記録の時間を取る場合もあります。

　本題となるメインセッションは、1on1全体の7～8割を占め、テーマの確認・関わり方の確認・テーマを踏まえた対話といった要素が基本となります。

　対話を深めていくためには、信頼・思考・行動のステップがあり、それを支える技術や態度として傾聴力・質問力・伝達力・心身を整える力といった要素があります。

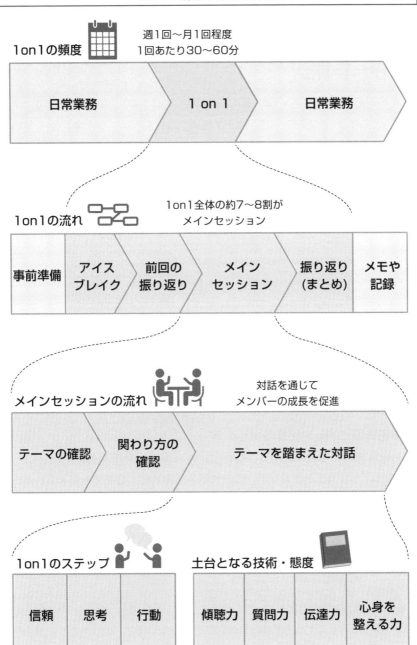

第2章
1on1とは②
1on1の進め方

2-3

1on1の基本的な流れと事前準備

ここからは1on1の具体的な進め方について紹介していきます。1on1には、事前準備・アイスブレイク・前回の振り返り・メインセッション・振り返り（まとめ）・メモや記録という流れがあるため、それぞれのポイントを見ていきます。

基本的な流れを押さえ、状況やテーマに応じて調整をする

● 1on1の基本的な流れ

1on1の基本的な流れは右図のとおりです。まずはリラックスした雰囲気のための**アイスブレイク**を2〜3分（1on1全体が30分の場合）で行い、**前回の振り返り**では、前回からの変化について4〜5分程度で確認します。

本題となる**メインセッション**は、1on1全体の7〜8割にあたる20〜25分程度で進めます。最後に**振り返り（まとめ）**として、メンバーからの気づきや感想を2〜3分程度で共有してもらい1on1が終了となります。

それぞれにかける時間はあくまでも目安であり、メンバーの状況やテーマに応じて柔軟に時間配分を変更してかまいません。

● 事前準備とメモや記録のポイント

1on1実施前の**事前準備**では、前回の1on1に関する**メモや記録**を確認したり、深呼吸やストレッチをするなど、心身を整え落ち着いた雰囲気を作ることが大切です。上司がソワソワしているとメンバーも集中できなくなりますので注意してください。

1on1実施後のメモや記録は、目標達成に向けた進捗状況や取り決めた行動について確認できるだけでなく、メンバーの考え方や価値観など内面への理解も深まります。

また、上司が前回の内容をしっかり憶えていることにより、メンバーは興味を持って話を聴いてもらえていると感じ、信頼関係も深まります。いずれも、数分程度の

短い時間でも実施できますので是非行ってみてください。

1on1の基本的な流れとポイント		
基本的な流れ	**目安時間**	**ポイント**
事前準備	数分程度	上司は事前に気持ちを整え、メモや記録で過去（主に前回）の内容を確認しておくとスムーズに1on1を始められる アプローチ：深呼吸・ストレッチ・メモ・記録など
アイスブレイク	2〜3分	近況や時事の話題などでリラックスした雰囲気を作る 体調やメンタル面など、メンバーの状況確認も有効 アプローチ：体調・メンタル・近況・時事など
前回の振り返り	4〜5分	前回の1on1から考えたことや行動の進捗があれば確認 進捗があればその結果に対する受容や承認を行う アプローチ：前回からの進捗・変化・結果など
メインセッション	20〜25分	メンバーの話したいテーマを中心に、対話のサイクルで思考や行動を促進する アプローチ：傾聴・質問・伝達など
振り返り（まとめ）	2〜3分	対話を振り返り、気づいたことや感じたことを言語化する 次回に向けて情報を整理する アプローチ：気づき・感想・行動・動機づけ
メモや記録	数分程度	日付・所要時間・テーマ・話のポイント・メンバーの気づきなど、1on1の内容を簡単にメモ・記録する

※目安時間は全体を30分とした場合の参考数値です。相手やテーマなどを踏まえて、柔軟に時間配分を調整していきましょう

第2章
1on1とは②　1on1の進め方

2-4
アイスブレイクで
話しやすい雰囲気づくり

1on1で最初に行うのがアイスブレイクです。アイスブレイクは話しやすい雰囲気を作るために、冒頭のちょっとした時間で行うのが一般的です。ここでは、アイスブレイクの目的や効果について解説していきます。

アイスブレイクで話しやすい雰囲気を作る

●アイスブレイクのポイント

　アイスブレイクとは、会議や商談の場で本題の前に行われる簡単なやり取りです。参加者の緊張をほぐし、和やかな雰囲気を作るのが目的となります。

　1on1は一対一のやりとりであるため、緊張してしまうメンバーも少なくありません。そのため1on1においても、冒頭にアイスブレイクを入れて、メンバーが安心して話せる雰囲気を心がけましょう。アイスブレイクは、冒頭の2〜3分（全体を30分とした場合）を使い、近況や時事の話題について軽く話すのが一般的です。メンバーの興味ある話題や共通の話題であれば、リラックスした話しやすい雰囲気を作れるでしょう。アイスブレイクの内容にルールはありませんが、メンバーが安心して1on1に入っていけるようにお互いの関係性や状況、さらに社会的な規範を意識した話題作りをする必要があります。

●雑談の効果

　1on1に関する悩みとして「雑談になってしまう」という声がありますが、職場での雑談はよくないものなのでしょうか？

　アメリカのラトガース大学による研究から、職場での雑談は従業員に**ポジティブな感情**を生み出して**幸福度**を高めるだけでなく、組織への自発的な貢献が増えることがわかってきました。もちろん、雑談だけで1on1が終わってしまうのは避けたいですが、数分程度の雑談自体はむしろ良いことであると捉えて積極的に行っていきましょう。

●心境を天気で表してもらう

　アイスブレイクではメンバーのメンタル面について尋ねてみるのも有効です。

　カウンセリングで行われるアイスブレイクの一つとして、今の心境を天気で表してもらう方法があります。「今どんな気持ちですか？」と直接尋ねるのではなく、「今の心境を天気で表すと？」と天気で表してもらうことで、本心を答えやすくなります。

第2章　1on1とは②　1on1の進め方

　　　　上司：「今日の心境を天気で表すとどうなりますか？」

　メンバー：「うーん、少し雨が降ってるかもしれません」

　　　　上司：「雨の理由を伺っても大丈夫ですか？」

　メンバー：「チームのCさんと口論をしまして…少しその話をしてもよいですか？」

　1on1はメンバーのための時間であるため、対話例のようにアイスブレイクによって本音が引き出され、それをテーマとして1on1を進めていく場合もあります。メンバーの建設的な変化や成長という1on1の目的を忘れずアイスブレイクを進めるようにしましょう。

アイスブレイクの話題例		
誰にでも共通する話題	季節　天気　気温　出来事　ニュース　時事　流行 健康　運動	
個人に関する話題	仕事　家庭　生活　地域　食事　趣味　関心　体調 メンタル	

※相手との関係性や状況、社会的な規範を意識した話題づくりを心がけましょう

2-5

前回の振り返りで
変化や進捗を確認

アイスブレイクの後に行うのが前回の振り返りです。前回どのようなテーマで話し、その後の変化や進捗を確認することが目的であり、1on1全体の1〜2割程度が目安となります。ここでは、前回の振り返りの目的や効果について解説していきます。

変化や進捗を受け止めることで上司は心理的な伴走者となる

●前回の振り返りのポイント

アイスブレイクの後は、前回の1on1でどのようなテーマで話をしたのかを振り返り、その後の変化や進捗を確認します。

振り返りをスムーズに行うために、事前準備の中で前回の1on1に関するメモや記録を確認し、どのようなテーマで話したのかを思い出しておくとよいでしょう。

前回の1on1で目標達成について話したのであればその進捗や行動の結果を、キャリアについて話したのであれば、考えたことや決定事項など、その後の変化を確認します。

●変化や進捗を建設的に受け止める

前回からポジティブな変化や進捗があった場合には、その結果を認め、メンバーと共に喜び合いましょう。それにより、メンバーは「見てくれている」「応援してくれている」といった気持ちが生まれ、上司がメンバーの心理的な伴走者となることができ、信頼感やモチベーションの向上に繋がります。

うまく進まなかった場合や、前回決めた行動を実行できなかった場合でも、批判や評価をせずにありのまま受け止めて「行動を妨げているものは何ですか?」など、建設的な気づきを促していきます。結果に対する批判や評価をしないことで、メンバーは普段は話せないようなプライベートな話題や本音を話しやすくなっていきます。

ポジティブな変化や進捗があった場合

　　　　上司：「前回は集客目標について話し合いましたね。他社のアプローチについて調査するということでしたが、その後の状況を教えてください」

　　メンバー：「あの後、競合他社の集客方法について調べてみたのですが、うちの会社がやっていない方法がいくつかわかり、是非試したいなと思っています」

　　　　上司：「おお！　それは調べた甲斐がありましたね」（**喜び褒める**）

　　メンバー：「はい！　いつかやろうとは思っていたのですが、背中を押してもらえました」

変化や進捗がなかった場合

　　　　上司：「前回は集客目標について話し合いましたね。他社のアプローチについて調査するということでしたが、その後の状況を教えてください」

　　メンバー：「あの後、色々と忙しくなってしまいまして、やりたいと思いながらもまだ調査できていない状態です」

　　　　上司：「忙しさもあったと思いますが、実行を妨げているものが自分の中にあるとしたらそれは何だと思いますか？」（**批判や評価をせずに気づきを促す**）

　　メンバー：「うーん…調査すると言ったものの、本当に効果があるのかなって疑念が湧いてきました。もっと優先するべきことがあるように感じたので、今日はそれについて話させてください」

　前回の振り返りを行い、そこでの変化や進捗についてしっかりと受け止めることで、上司はメンバーの心理的な伴走者になっていきます。それにより、1on1が単発で終わる「点」の取り組みではなく、連続的な「線」の取り組みとして機能するようになるでしょう。

メインセッションでメンバーの成長を促す

1on1の基本的な流れの中で最も重要なブロックがこのメインセッションです。メインセッションはテーマの確認・関わり方の確認・テーマを踏まえた対話の3つのパートで構成され、この中で対話のサイクルを回しながら、思考や行動を促進していきます。

対話のサイクルによってメンバーの思考や行動を促進する

● メインセッションのポイント

アイスブレイクと前回の振り返りの後は、いよいよメインセッションです。

メインセッションは1on1全体の7〜8割程度（全体が30分なら20〜25分）の時間配分が一般的です。メインセッションにしっかり時間を使えると、メンバーも「ちゃんと話を聴いてもらえた」という実感を持てるでしょう。

メインセッションでは、**テーマの確認**、**関わり方の確認**、**テーマを踏まえた対話**の順番で進めていくのがスムーズです。ただし、時間配分や進め方の順序は、対話の相手やテーマ、状況に合わせて柔軟に調整していくことも大切です。なぜなら、最も大事なことは1on1を型どおりに進めることではなく、メンバーのための時間を通じてその成長を支援することだからです。

● テーマの確認のポイント

1on1はメンバーのための時間であるため、対話のテーマも基本的にはメンバー自身に考えてもらいます。まずは「どんなテーマで話しましょうか？」と尋ねてみてください。よりテーマを考えやすくするためには、右図のトピック例にある、業務課題・目標達成・人間関係などの項目を呈示した上で「この中で気になっているトピックはありますか？」など、選択式でテーマを絞り込んでいくのも有効です。

どうしてもテーマが決まらない場合には、上司からテーマを振っても問題ありませんが、それが常態化してしまうとメンバーの主体性が失われてしまいますので注意してください。

●関わり方の確認のポイント

テーマが設定されたら関わり方の確認を行います。関わり方の確認とは、テーマに対する上司の態度や向き合い方のことです。上司が1on1に慣れないうちは、どうしても一般的な個人面談などと同様に評価やフィードバック、アドバイスといった関わりが中心になってしまいますが、先に関わり方を確認しておくことによって1on1がよりメンバーのための時間になりやすくなります。

具体的には、話を聴いてほしい（傾聴中心）・新しい視点や発想がほしい（質問中心）・一緒に考えてほしい（フィードバックやアドバイス）などがあります。特に上司もメンバーもまだ1on1に慣れていない頃は、この関わり方の確認が有効ですので、「話を聴いてほしいとか、アドバイスがほしいとか関わり方の希望はありますか?」と尋ねてみるのがよいでしょう。

メインセッションの流れとポイント

基本的な流れ	ポイント
テーマの確認	メンバーの時間であることを意識してテーマを出してもらう トピック例：業務課題・目標達成・人間関係・能力／スキル・キャリア・モチベーション・体調／メンタル・プライベート／個人的な話題など 質問例：「今日はどのようなテーマで話したいですか?」 「この中で話してみたいトピックはありますか?」
関わり方の確認	テーマに対する上司の関わり方について確認しておく 関わり方の例：話を聴いてほしい・一緒に考えてほしい・意見やアドバイスがほしい・新しい視点や発想がほしい・モチベーションを上げてほしいなど 質問例：「このテーマについて、話を聴いてほしいとかアドバイスがほしいとか関わり方の希望はありますか?」
テーマを踏まえた対話	テーマとその関わり方を踏まえてメンバーと対話を行う。対話を通じて、信頼・思考・行動のステップを進めていく。 質問例：「ここまで話してみて、気づいたことや感じたことはありますか?」

● メインセッションの導入例

　　　上司：「今日はどのようなテーマで話しましょうか？」（テーマの確認）

　メンバー：「うーん、そうですね。どうしようかな…」

　　　上司：「（トピック項目を見せて）この中で気になっていることや、話してみ
　　　　　　たいトピックがあれば、そこから始めても大丈夫ですので」（テーマ
　　　　　　の確認）

　メンバー：「ああ、それでは、ちょっと個人的な話なのですが家庭内の状況につ
　　　　　　いて話しても良いですか？」

　　　上司：「もちろんです。このテーマについて、話を聴いてほしいとかアドバイ
　　　　　　スがほしいとか、私の関わり方への希望はありますか？」（関わり方
　　　　　　の確認）

　メンバー：「同居している両親の介護に関する話なので、なにか答えがあるわけ
　　　　　　でもないですし、聴いてもらえるだけで大丈夫です」

　　　上司：「プライベートな内容なので話せる範囲で大丈夫です。少し詳しく状況
　　　　　　について教えてもらってよいでしょうか？」（テーマを踏まえた対話）

　メンバー：「ありがとうございます。実は…」

このような流れで本題のテーマへと入っていくとよいでしょう。

● テーマを踏まえた対話のポイント

　メンバーからのテーマがどのような内容であれ、対話を深めてメンバーの成長
を促進していくには信頼・思考・行動の３つのステップを意識してください。

　まずはメンバーの話したいテーマに対して、傾聴を中心とした対話を心がけ、自
由に考え、安心して話せる『信頼関係の構築』を進めます。

　特に社内の人間関係や個人的な話題などは信頼関係が重要になります。

　メンバーが安心して話していると感じたら、傾聴だけでなく質問を増やして内省
を促し、『思考を促進する』ような対話にしていきます。

　思考が促進され、「やってみたい」と思える目標や行動が浮き彫りになってきた
ら、その思いを尊重しながら『行動を後押しする』ことで、メンバーの行動が少し
ずつ変わっていきます。

　この3つのステップは、何度も往復することで深化し、メンバーの成長が促進されていきます。また同時に、組織の成果にも良い影響を与え、エンゲージメントや主体性・自律性の向上にも繋がっていくことになります。

　いずれのステップにおいても、「ここまで話して、気づいたことや感じたことはありますか？」という質問によって内省を促すことができるため、一度のメインセッションの中で1〜2回は尋ねてみましょう。

1on1のステップと個人の成長・組織の成果

行動を後押しする（9章）

思考を促進する（8章）

信頼関係を築く（7章）

個人の成長
組織の成果
エンゲージメント向上
主体性・自律性の向上

2-7

振り返り（まとめ）で気づきを言語化

1on1の最後に行うのが振り返り（まとめ）です。振り返り（まとめ）は、1on1の締めとして対話での気づきや次回に向けた具体的な行動を明らかにしていきます。1on1全体の1割程度が目安です。

対話からの気づきや次回に向けた行動を明確にする

●振り返り（まとめ）のポイント

　メインセッションを終えた後は、締めとして今回の1on1に対する振り返りと、まとめを行います。ここでは以下のポイントを押さえて進めていきます。

　まずは、「**具体的な行動の確認**」です。メインセッションを踏まえて、どのような行動を取るのかを設定します。その際に「いつから、どのように進めますか?」など進め方を具体化しておくとメンバーの実行への意識も高まります。
　行動を設定する場面では、**スモールステップ**が大切です。スモールステップとは、ゴールまでの道のりを細かく分けて一歩ずつ小さく進めていくことです。
　行動は「これならできそう」と思えるような内容にするのがポイントです。

　次に、「**今回の振り返り**」です。メインセッションを振り返っての感想や要望、気づきがあれば共有してもらいます。「気づき」は、その後のメンバーの考え方や感じ方にも影響を与え、心理的な成長にも繋がります。

　最後は1on1の「**締め**」として、メンバーを応援する言葉をかけ、必要があれば次回の日程を調整して1on1が終了となります。終了後に、対話の内容を簡単なメモや記録に残すことで、次回以降の1on1で変遷を確認することができるため便利です。

● 振り返り（まとめ）対話例

上司：「今日の話を一歩前進させるために何から始めましょうか？」（行動の確認）

メンバー：「そうですね、まずは顧客企業の情報を集めてみたいと思います」

上司：「いつから、どのように進めていきますか？」（行動の具体化）

メンバー：「週明けから進めます。まずは公開情報を調べてみて、この業界に詳しい営業部のBさんにも声をかけてみようと思います」

上司：「次回の1on1で調査の結果を教えてください。それでは、今回の1on1で気づいたことがあったら教えてください」（今回の振り返り）

メンバー：「もしかしたら自分は、他の人より少し考えすぎてしまうのかもしれないなと思いました。答えのないことを考えすぎても意味がないのかもしれません」

上司：「その気づきは、今後の自分にどのような影響を与えそうですか？」（今回の振り返り）

メンバー：「考えすぎていると感じたら、行動に移してしまおうと思います」

上司：「良い気づきですね。引き続き一緒にがんばっていきましょう」（応援）

メンバー：「はい、よろしくお願いします」

第2章　1on1とは②　1on1の進め方

振り返り（まとめ）のポイント

基本的な流れ	ポイント
具体的な行動の確認	メインセッションを踏まえて、具体的な行動を設定する 対話例：「それでは具体的に何から始めていきましょうか？」
今回の振り返り	メインセッションを踏まえて、気づいたことを言葉にしてもらう 対話例：「1on1全体で気づいたことや感じたことを教えてください」
締め	応援メッセージ、締めの言葉、次回の日程調整を行う 対話例：「一歩前進しましたね！　引き続きがんばっていきましょう」
メモや記録	日付・所要時間・テーマ・話のポイント・メンバーの気づきなど、1on1の内容を簡単にメモや記録をする

効果的な1on1のための
4つの基礎力

1on1において最も大切なことは上司とメンバーの対話です。効果的な対話のためには、『傾聴力』『質問力』『伝達力』『心身を整える力』の4つの基礎力が重要であり、これらの基礎力について理解し、活用することが大切です。

対話に必要な4つの基礎力を理解して活用する

● 対話に求められる4つの基礎力

1on1は対話を通じてメンバーとの信頼関係を築き、思考の整理や気づきを促すことで行動を変化させ、メンバーの成長を支援していきます。

対話に求められる要素は様々ありますが、本書では効果的な対話のために必要な技術や態度を、傾聴力・質問力・伝達力・心身を整える力として4つの基礎力にまとめています。

傾聴力	メンバーをありのまま受け入れ、深く話を聴く力
質問力	質問を通じて内省を促し、新たな気づきを引き出す力
伝達力	上司の思ったことや感じたことを率直に伝える力
心身を整える力	上司自身が心身を整え、メンバーの可能性を信じる力

● 4つの基礎力の関係性

メンバーとの対話を効果的なものにするために、最も基本となる力が『傾聴力』です。メンバーとの信頼関係を築き、思考の整理を促していくためには相手の話を深く聴く力が必要となります。

また、話を聴くだけでは質の高い対話のサイクルが回らないため、質問を通じてメンバーの内省を促し、気づきを引き出すための『質問力』が必要です。

さらに、上司の思ったことや感じたことを率直に伝える『伝達力』が加わると、メンバーにより深い気づきを与え、思考・行動の促進につながっていきます。

1on1において最も大切なのは質の高い対話サイクルですが、その前提として欠かせないのが『心身を整える力』です。上司の体調が崩れていたり、メンバーの可能性を信じていない状態では、いくら対話を行っても効果は得られません。1on1は上司自身が心身を整えているのが大前提なのです。

効果的な対話の土台となる技術・態度

傾聴力 (3章)	対話サイクル	質問力 (4章)	＋	伝達力 (5章)

心身を整える力 (6章)

効果的な対話を促進

2-9

成果につながる1on1のメカニズム

個人の成長や組織の成果、エンゲージメントなど、1on1の目指すところは様々ですが、どのような流れで対話は成果に繋がっていくのでしょうか？　ここでは、成果につながる1on1のメカニズムとして、『対話の基礎力』『対話の段階』『対話の成果』という3つのブロックについて見ていきます。

1on1のメカニズムを理解して組織の成果・個人の成長につなげていく

● 対話の基礎力

　これまでの内容を、成果につながる1on1のメカニズムとして表したのが右図です。

　下段にあたる『**対話の基礎力**』は、メンバーとの対話の土台です。

　上司は、この4つの基礎力をバランスよく向上させると、次の対話の段階が進みやすくなります。

● 対話の段階

　中段にあたる『**対話の段階**』は3つのステップからなり、対話のテーマやメンバーの状況によっては現在の位置が変化します。

　例えば、1on1のテーマが業務の話題であれば行動の後押しから始められるが、テーマがプライベートな話題であれば、信頼を得る所から始める必要があるなどです。

　1on1を繰り返して対話の段階を往復すると、次第に質の高い対話がしやすくなります。

● 対話の成果

　上段にあたる『**対話の成果**』には組織の成果と個人の成長があり、それぞれが相互に影響しあうことで、互いの成長に貢献しあう関係が作られていきます。

　その好循環によって、エンゲージメントや主体性・自律性が向上していくのです。

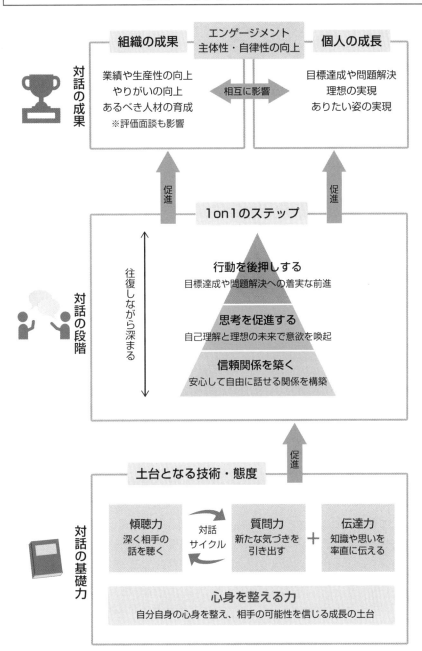

成果につながるメカニズム

対話の成果

組織の成果
業績や生産性の向上
やりがいの向上
あるべき人材の育成
※評価面談も影響

エンゲージメント
主体性・自律性の向上

相互に影響

個人の成長
目標達成や問題解決
理想の実現
ありたい姿の実現

促進

促進

1on1のステップ

往復しながら深まる

対話の段階

行動を後押しする
目標達成や問題解決への着実な前進

思考を促進する
自己理解と理想の未来で意欲を喚起

信頼関係を築く
安心して自由に話せる関係を構築

促進

土台となる技術・態度

傾聴力
深く相手の
話を聴く

対話
サイクル

質問力
新たな気づきを
引き出す

＋

伝達力
知識や思いを
率直に伝える

対話の基礎力

心身を整える力
自分自身の心身を整え、相手の可能性を信じる成長の土台

2-10
1on1に関わる
4つのコミュニケーション手法

1on1に活かせるコミュニケーション手法として、ティーチング・フィードバック・コーチング・カウンセリングがあります。4つの手法それぞれの特徴や違いを知っておくことで1on1そのものへの理解も深まっていきます。

4つの手法ティーチング・フィードバック・コーチング・カウンセリング

●4つのコミュニケーション手法の特徴

　ビジネスで成果をあげるためのコミュニケーションには様々な手法がありますが、本書では、主に**ティーチング・フィードバック・コーチング・カウンセリング**の考え方を取り入れています。

　そのため、この4つのコミュニケーション手法の違いについて知っておくことで1on1への理解も深まります。

・ティーチング

　相手の問題や課題に対して、解決策となる**知識や技術を指導**・伝達するための手法です。ティーチングの対象者に対して、情報や概念、スキルなどを伝達し、その理解や習得を支援します。上司が新人メンバーに知識やノウハウを指導するのはティーチングにあたるため、ビジネスシーンにおいては一般的に活用されています。

・フィードバック

　相手に感じた印象や違和感を率直に伝え、思考を深めていく手法です。ビジネスシーンでのフィードバックといえば、評価や指摘による改善促進をイメージしますが、それだけでなく相手を動機付けるポジティブな内容や、信頼関係を足場にしたネガティブな内容もあり、気づきを通じた**軌道修正を支援**します。

・コーチング

　目標達成や問題解決など、主に相手が望む未来に向けた変化を促進するための手法です。ビジネスだけでなく、スポーツや個人の心理的成長などさまざまな場面で活用されており、理想の具体化、目標の設定、進捗のモニタリング、動機づけなどによって**行動変容を促進**して相手を支援します。

・カウンセリング

　心理的・感情的な課題や人間関係の問題など、主に過去の出来事に起因する問題と向き合いながら、心理的な健康の回復を目指す手法です。相手との信頼関係を築き、ありのままの**自由な自己表現**を支援します。

　1on1では、ティーチング・フィードバック・コーチング・カウンセリングの考え方が取り入れられていますので、それぞれの特徴や違いを理解しておきましょう。

4つのコミュニケーション手法

	ティーチング	フィードバック	コーチング	カウンセリング
主役	上司	上司	メンバー	メンバー
主な関わり方	指導	伝達	質問	傾聴
主な目的	知識・技術の伝達	改善行動軌道修正	行動の変化目標達成問題解決	ありのまま信頼関係安全基地
主な焦点	知識・ノウハウ	改善点・印象	意思・行動・目標	心・感情（特に不安や悩み）
主に扱う時間軸	現在	過去～現在	現在～未来	過去～現在
主な対象層	新人・若手	新人・中堅	中堅・管理職	全従業員

Column ②

ちょっと一息 1on1簡単チェック

ここでちょっと一息、1on1の態度に関わる簡単チェックです。

以下の12項目を確認して、チェック数がいくつになるか数えてみて下さい。チェック項目が多いほど、1on1に適した態度となっている可能性が高いでしょう。

チェック項目が多い方もいれば、まったくチェックが入らないという方もいるかと思いますが、この12項目はあくまでも簡易的な内容ですので、参考程度に捉えてください。本書を読み終え、1on1に慣れた頃に確認してみるのも面白いですね。

No	チェック項目
1	□ 上司として1on1の目的や効果、基本的な流れを意識している
2	□ メンバーに興味を持ち、教えてもらうつもりで話を聴いている
3	□ メンバーの認識や決断を尊重し、批判や評価をしていない
4	□ メンバーの表情や雰囲気から、言葉にできない思いにも注意している
5	□ 上司がありのままに自分をさらけ出し、素直に話をすることがある
6	□ メンバーの話す出来事だけでなく、感情や気持ちにも焦点を当てている
7	□ メンバーが沈黙して、自分の内面に意識を向けられる質問をしている
8	□ メンバーの物事の捉え方を、違う視点で捉え直す支援をしている
9	□ メンバーの発言量が1on1の大半（7～8割）を占めるよう意識している
10	□ メンバーの価値観や理想とする未来像を理解して尊重している
11	□ メンバーに小さくとも「やってみよう」という挑戦を促している
12	□ メンバーの持つ可能性や成長性を信じるよう心がけている

第3章

1on1の技術や態度①

良好な関係のための傾聴

1on1で最も重要なことは、傾聴と質問によって対話の
サイクルを回していくことです。この章では、効果的な
1on1のための対話の基礎力である傾聴力・質問力・伝
達力・心身を整える力の4つから、相手の話を深く聴く
ことによって良好な関係を築いていく『傾聴力』に焦点
を当て、聴く力を高めていくための技術や態度、考え方
について解説していきます。

3-1

聴くことで信頼関係を築く「傾聴」

1on1で上司がやらなければならないことを端的にまとめるならば、「聴く」「質問する」「伝える」の3つです。ここでは1on1の基本となる「聴く」ための技術である「傾聴」について説明をしていきます。

相手をありのまま受け入れ、共感的に話を聴く「傾聴」

●「聞く」と「聴く」

　相手の話を聴く（聞く）という行為は、誰もが日常的に行っており、特別なことではありません。ただし、1on1の場面で「相手の話を聴く」と言った場合には、日常のそれとは違う「傾聴」だと捉えるのが良いでしょう。

　「**傾聴**」という言葉は、近年ビジネスシーンでも広く使われており、対話相手との信頼関係を築く上で極めて重要なコミュニケーションスキルです。

　漢字の「**聞く**」は日常的な聞き取りを指し、「**聴く**」はより意識的かつ能動的に相手の話を受け止める意味の「傾聴」を表すことがあります。

● 傾聴とは

　傾聴を簡潔に表現するなら、「相手をありのまま受け入れ、共感的に話を聴くこと」です。相手の内面にある思いや感情を尊重して寄り添いながら、その世界観を共感的に理解することが傾聴の基本です。要するに、相手の立場に立って、同じ思いを感じながら話を聴くことだと捉えるとわかりやすいでしょう。

● 傾聴の効果

　それでは傾聴を行うことで、どのような効果が得られるのでしょうか？
　傾聴の代表的な効果について紹介いたします。

・信頼関係が築ける

　傾聴を通じて相手の話をありのまま受け入れ、共感的に聴くことは、「何を話しても大丈夫」「理解されている」と感じさせ、安心感や居心地の良さによって信頼関係を深めていくことができます。メンバーが本音を自由に語るためには、この傾聴を通じた信頼関係の構築が全ての土台となっていきます。

・問題が整理される

　人は頭の中だけで物事を考え、整理しようと思ってもなかなか上手くいきません。傾聴を通じて、問題や課題を具体的な言葉で説明しようとすることによって、情報を客観的に捉えられるようになり、抱えている問題が整理されていきます。

・自己理解が進む

　私はどのような人間なのか？　といった自分自身の客観的な分析は簡単ではありません。しかし、傾聴を通じて自由に話をしていると、自分自身も気がついていなかった本心や感情に気づけるため、より深い自己理解につながります。

・自己肯定感が高まる

　傾聴による丁寧な話の受け止めにより、相手は「自分は関心をもってもらえる存在だ」と感じ、自己を認めることで**自己肯定感**が高まります。批判や評価をすると、「自分は責められている」と受け止められることがあるため、傾聴は受容的な態度で行うことが基本です。

　傾聴の効果は様々ありますが、人と人との関係性を深め、円滑なやりとりを実現するコミュニケーションスキルだと考えるのがよいでしょう。

●傾聴に必要な３つの要素

　アメリカの著名な心理学者であるカール・ロジャーズは、カウンセラーの基本的態度として**受容・共感・一致**という３つの要素を挙げています。

　傾聴はカウンセリングにおいて絶対要件と言われるほど重要な技術であり、これら３つの要素は効果的な傾聴を行う上での基本的態度と言い換えられます。

　受容とは相手に対して批判や評価をしないこと、共感とは相手の立場を理解すること、そして一致とは自分自身に気づくこととなります。

　これらの３つの要素を意識的に磨いていくことで、傾聴のスキルを身につけることができ、これまで無意識的に行っていた「聞く」という行為から、より意識的、能動的な「聴く」ができるようになるでしょう。受容・共感・一致という３つの要素については、この後の項目にて詳しく解説をしていきます。

●傾聴実践のポイント① 相手の思いや感情を意識する

　傾聴は、相手が本当に話したいと思っていることを話してもらうことで、より高い効果を得られます。しかし、「話したいことを話す」というのは決して簡単ではありません。むしろ自分が話したいことが何なのかを正確に把握しているビジネスパーソンは決して多くないでしょう。職場においては、自分の話したいことを話すよりも、モヤモヤとした気持ちを抑えこんで働くことが求められています。誰もが「あのお客さんの相手はしたくない」「この仕事は面倒だから嫌だ」などと言い出してしまうと仕事にならないためです。

　ただし、1on1の中では傾聴を通じてそのような思いや感情を受け止めることが大切です。抑え込まれている思いや感情を少しずつ言葉にしてもらい、胸の内にある気持ちを発散してもらうことで、次第に不満やモヤモヤした気持ちが薄れ、前向きな意識に変わっていくためです。

　メンバーが「仕事でこんなことがありまして…」と出来事や事柄について話をしてくれた際は、「その時、どんなことを感じたのですか？」といった、相手の思いや感情に焦点を当てる質問をしてみてください。これにより、「実はすごく嫌な気持ちになりました」など、これまで胸の内に引っかかっていた思いを話してもらうことができます。

● 傾聴実践のポイント② 聴いた内容を口外しない

　傾聴を実践する上では、相手が「この人なら何を話しても大丈夫だ」という心からの安心を感じることが重要です。そのため、社内における守秘義務の有無とは別に、「ここで聴いた話は口外しないので安心してください」など、聴いた内容を口外しないことを事前に伝え、それを守ることが大切です。

　1on1の中では、社内の人間関係や噂話など繊細な話題も扱われるため、このような配慮が重要となるのです。ただし、犯罪に関わる話題などは例外となりますので、社内の関係機関に相談をするようにしてください。

● 傾聴実践のポイント③ 五感を駆使して聴く

　より深いコミュニケーションのためには、相手の発する様々な情報を逃さず受け取ることが大切です。つまり、五感を駆使して話を聴くということです。

　具体的には、相手の話す言葉の意味だけではなく、声の大きさや早さ、目の動き、腕を組む、何度も頭をかくなどといった仕草、表情や姿勢、さらには全身から感じられる雰囲気や印象など、五感を駆使して心のアンテナを立て、相手が無意識的に発信している言葉にならない言葉に耳を傾ける必要があります。そうすることで初めて、相手は今どのような思いや感情を持っているのか、本心で話しているのかなどが伝わってくるようになるでしょう。

<table>
<tr><th colspan="2">五感を駆使して相手のメッセージを受け取る</th></tr>
<tr><td>話し方</td><td>話している内容だけでなく、言葉選び、声の大きさや早さ、応答の間など</td></tr>
<tr><td>目の動き</td><td>目線を合わせるかどうか、目線の方向や動き、瞬きの多さなど</td></tr>
<tr><td>表情</td><td>どのような表情か、言動と一致しているか、感情表現は豊かかなど</td></tr>
<tr><td>姿勢</td><td>どのような姿勢か、安定しているか、言動に対する変化など</td></tr>
<tr><td>全体的な雰囲気</td><td>どのような印象をうけるか、言動と一致しているかなど</td></tr>
</table>

3-2

傾聴の基礎①
受容する / 肯定的に関心を持つ

相手の話をより深く聴くことで、建設的な変化や成長を促す傾聴の技術。その実践には、受容・共感・一致という3つの基本的態度が大切です。ここでは、どのような相手でもありのまま受け入れる「受容」の態度について解説をしていきます。

ありのまま肯定し、関心を持って話を聴く「受容」の態度

● 受容的な態度で聴く

受容的な態度を簡潔に表すと、批判せず、評価せず、指導せず、相手をありのままに肯定し、関心を持って受け入れることだといえます。相手の立場や状況によって態度を変えることや、一方的に笑ったり軽んじたりすることは、受容的とは言えません。相槌の方法や応答の技術など、受容的な態度を示すためのコミュニケーション技術はさまざまありますので、後の項目で紹介していきます。ここでは、受容的な態度がどのようなものかを理解しておいてください。

1on1におては受容的な態度が大切であり、指導やアドバイスを行わないことが基本ですが完全に行わないわけではありません。1on1の主役はメンバーであり、1on1はメンバーのための時間です。そのため、メンバー自身が指導やアドバイスを求めた場合には、そのニーズに応じて問題ありません。

● 受容的な対話例

> メンバー：「現在の担当業務とは直接関係がないのですが、実は最近デザインに興味を持っていて、来月からデザインの勉強しようと思っているんです」

× 批判的な態度

上司：「いやいや、デザインはダメだよ。これからはAIがデザインしてくれるし、時間をかけて学んでも実務に活かす機会はほとんどないから」

× 評価的な態度

上司：「デザインを使ってどのようにチームに貢献するつもり？ チームの成果をどのように最大化するか頭にいれながら学んでもらわないと困るよ」

× 指導的な態度（アドバイス）

上司：「デザインだったらUI /UXデザインの領域を学びなさい。そうすれば開発部門との橋渡しにもなるし、将来的にも役に立つから」

× 一方的に笑う/軽んじる

上司：「はははははは、デザインね！ はいはい、そういうの勉強をしたくなる時期ってあるよね。まあとりあえずやってみれば」

○ 受容的な態度（ありのまま肯定し、関心を持つ）

上司：「来月からデザインを学びたいと考えているのですね。どんな経緯でデザインを学んでみたいと思ったのですか？ 将来的にどのようなデザインをしてみたいのですか？」

> 実は、デザインに興味を持っていて、勉強しようと思っているんです

> どのように応答するのがよいのだろうか…

3-3

傾聴の基礎②
共感的に理解する

前項では、傾聴の実践に必要な3要素、受容・共感・一致の「受容」について解説しました。ここでは3要素の2つ目、相手の身になり、感じていることを共に理解する「共感」の態度について解説をしていきます。

相手の身になり感情的に寄り添う「共感」の態度

● 傾聴のための共感的な態度

「あの業務は大変ですよね。自分も苦手なので共感します」など、共感という言葉は日常の中でも頻繁に使われており、同情や同感といった感覚ともよく似ています。

ただし、相手の話をより深く聴くための「**共感**」は、同情や同感とは少し異なる感覚です。

例えば、他人に不幸があった場合、自分の経験や価値観に照らし合わせて可哀想だと感じるのが同感ですが、その人の身になり、相手の感じ方を基準にして湧き上がる思いを共に感じようとするのが共感です。

大事なことは「自分が同じ立場ならどう感じるか」だけではなく、「相手はこんなことを感じている」と、相手の身になって感情に寄り添うことです。

それでは、相手に寄り添い、共感的に理解することにはどのような意味があるのでしょうか？

共感はお互いの信頼関係を築く大切な要素です。多くの場合、人は内面に抱えた思いや感情を、信頼できる誰かに理解してもらいたいという思いがあります。

そのため、**共感的理解**ができると、相手は「わかってもらえた」と感じ、信頼感や安心感につながるようになります。

● 共感のポイント

　共感的に理解していることが相手に伝わると、深い一体感が生まれ、信頼関係が築かれます。共感的理解を行う上でのポイントは以下の通りです。

・先入観を捨てて話を聴く

　共感的に相手の話を聴くためには、自分の常識や価値観といった先入観を捨てて話を聴くことが大切です。個人的な先入観を捨て、相手が見ている世界の姿を共に感じられると共感的理解ができるようになっていきます。

・出来事だけでなく思いや感情を尋ねる

　ビジネスパーソンは出来事を客観的に説明することには慣れていますが、その裏側にある主観的な思いや感情を話すのはあまり慣れていません。そのため、1on1の中で「こんなことがありました」という出来事の説明があった場合、「そのときどんなことを感じたのですか?」など、メンバーの感情を尋ねるのが共感の入口になります。

・全体の雰囲気から言葉の意味を受け取る

　相手の発する言葉には、本人も気がついていない様々な思いが込められている場合があります。例えばメンバーから「同僚のAさんは本当に天真爛漫な方なんです」という話がでてきた場合、それが「周りを明るくしてくれる人」という肯定的な意味合いの場合もあれば、「わがままで自分勝手な人」といった批判的な意味合いの場合もあります。

　共感をする際は、相手の表情や雰囲気から言葉に込められた深い意味に意識を向け、その思いを受け取るようにしましょう。

3-4

傾聴の基礎③
自分の思いや感情に気づく

傾聴の実践3要素、残りの1つは「一致」です。自分の内面に現れてくる思いや感情を否定せずに受け止める「一致」の態度について解説をしていきます。

自分自身の思いや感情を否定せずに受け入れる「一致」の態度

● 傾聴のための一致した態度

「**一致**」は対話の中で湧き上がる自分自身の思いや感情に気づき、それを否定せず素直に受け入れるということです。他者との対話の中で、表面的な言動と心の中の思いにズレが生まれる経験は、多くの人が一度は経験しているのではないでしょうか。

特に1on1では、上司はメンバーと立場が違うため、どうしても役割の仮面をかぶってしまいがちです。

例えば、メンバーが「売上とか利益とか数字に追いかけられて生きていきたくないんです」と話す場合、上司は前項の受容的な態度を示すために「そうなんですね、数字に追われたくないと感じているのですね」と応答しますが、内心では「(営業担当なんだから数字を追うのは当然だよね)」といった批判的な思いが湧き上がることもあるでしょう。更には「(いやいや、傾聴をしているのだから否定的な態度はよくない。これでは上司失格だ)」と考えてしまう方もいるかもしれません。

上司の仮面をかぶると、「上司はこうあるべき」という思考になりがちです。しかし、自分の素直な思いと矛盾する表面的で一貫性のない言動は、対話を繰り返すうちに相手に悟られて信頼関係を損なうことになります。

逆に、自分の思いや感情を素直に伝えられるようになると、一時的には「失礼な人だ」という印象をもたれる場合もありますが、結果的には安心感を与え、信頼を築くことができます。

　そのため、他者との関係の中で湧き上がる自分自身の思いや感情に気づき、それを否定せず受け入れるとともに、時には相手に配慮しながら、素直にその思いや感情を伝えることが大切なのです。つまり、自分自身を受容する感覚が「一致」の態度であると言えるでしょう。

「一致」の具体的なプロセス

上司の思い

メンバーのAさんは、話がわかりにくいから嫌なんだよな
自分自身の思いや感情に気づく

上司の思い

嫌だという思いがあるけど、素直に受け入れよう
思いや感情を否定せず受け入れる

メンバー

上司の応答

Aさんの話が上手く理解できなかったのでもう少し詳しく聞いていいですか？
相手に配慮しながら素直に感じていることを伝える

3-5

目線を合わせて相手に寄り添う

傾聴には受容・共感・一致という3つの基本的態度が大切ですが、それらはいずれも「相手の心に寄り添う」態度が目的であるとも言えます。ここでは「相手の心に寄り添う」という態度がどのようなものであるかについて考えていきましょう。

メンバーと目線を合わせた「We」の態度で話を聴く

●「寄り添う」とは

傾聴を実践する際の態度として「相手の心に寄り添う」ことがとても重要です。

相手に寄り添うことは、良好な人間関係を築くための基本的な態度であるため、カウンセリングや傾聴をテーマにした書籍や講演の中でもたびたび耳にします。それでは、具体的に何をすれば相手の心に寄り添えるでしょうか?

●「You」ではなく「We」

メンバーに寄り添って話を聴けているかどうかは、他人ごとの目線にならず、自分ごとの目線で話を聴けているかどうかが大切です。

右図例1の上司は、取引が上手くいっていないというメンバーの悩みに対して、他人ごとのように捉える「**あなたは(You)**」の態度で話を聴いており、相手の心に寄り添っているとはいえません。

一方で、例2の上司は自分ごとのように捉える「**私達は(We)**」の態度で話を聴いており、相手の心に寄り添っているといえます。

このように、メンバーと同じ目線で話を聴く「We」の態度になっていることが、相手の心に寄り添って話を聴くための第一歩だといえるでしょう。

他人ごとの目線で話を聞く「You」の態度

例1：他人ごとの目線で話を聴く「You」の態度

取引先のC部長との関係が上手くいっていないので、予定通りの受注が取れるのか心配です。受注件数もまだ予定の6割なので、どうしたらよいのか…

C部長は大口受注のキーマンだし、なんとかして関係を良くしてくれないと困ります。受注件数もマズイ状況なので、このままだとあなた（You）の成績評価にも影響するからすぐ頑張ったほうがいい

自分ごとの目線で話を聞く「We」の態度

例2：自分ごとの目線で話を聴く「We」の態度

取引先のC部長との関係が上手くいっていないので、予定通りの受注が取れるのか心配です。受注件数もまだ予定の6割なので、どうしたらよいのか…

C部長との関係が上手くいかず心配なんですね。受注件数もまだ6割なのは悩みますよね。ここからどのように進めていくのが良いのか、私達（We）で一緒に考えていきましょう

3-6

言葉を使わずに情報を伝達する

コミュニケーションの中には、言語や文章を使ったコミュニケーションに対して、それらを使わずに情報を伝達する非言語コミュニケーションがあります。傾聴をしている間にも、常に相手に情報を伝達していることを理解し、それを活用していくための「非言語コミュニケーション」を学びましょう。

言語以外の手段で情報を伝える非言語コミュニケーションを活かす

●非言語コミュニケーションとは

　人と人とのコミュニケーションは、必ずしも言語のみで行なわれているわけではありません。表情、身振り、視線、声の調子など、人は言語以外の様々な手段でも相手に情報や感情を伝えており、そのような伝達方法を**非言語コミュニケーション**と呼びます。

　上司がメンバーの話を傾聴している間にも、非言語コミュニケーションを通じて知らず知らずのうちにメッセージを送っていることを忘れてはいけません。特にメンバーは、評価者である上司のわずかな反応や態度にも敏感であると理解しておきましょう。

●非言語コミュニケーションを活用する

　傾聴に影響を与える非言語コミュニケーションは様々ありますが、特に影響の大きな要素として**視線、表情、話し方、姿勢**の4つがあります。これら4つの要素を意識して、メンバーに「あなたの話に関心があります」という肯定的なメッセージを伝えていくこともできます。これは傾聴のマナーに近いものなので是非意識してみましょう。

　ただし、上司とメンバーの関係や上司自身のキャラクターを踏まえて自然に行うのがポイントとなるので、過剰な反応に見えない程度で取り入れてみましょう。

非言語コミュニケーションの種類

目の動き 視線 	「目は口ほどにものを言う」という言葉の通り、目の動きや視線の送り方は、相手に多くのメッセージを伝えています。 傾聴の効果を引き出すためには、肯定的な関心をメンバーに伝えることが大切であるため、チラチラよそ見をせず、見つめすぎない程度に自然にメンバーと視線を合わせるようにしましょう。 話し始めや、話し終えるタイミングで目線を送ることも、思いが伝わりやすくなり有効です。 自然な視線の送り方は文化によって異なる場合があるため、異文化コミュニケーションの場面ではその点に注意しましょう。
表情 	表情は感情の変化を最も読み取りやすい重要な要素です。1on1で真剣な話をしているメンバーに、上司が眉をひそめたり、あざ笑うような表情を浮かべてしまうと、どのような意図であれ不信や不安から本音で話すことを阻害してしまいます。 そのため、1on1では穏やかな表情を基本としながら、ミラーリングを意識していくのが良いでしょう。 ミラーリングとは、相手の表情やしぐさなどを鏡のように真似することです。人は共通点や類似性のある相手に無意識的な好意や親近感を抱く傾向があるため、メンバーが話しやすくなる効果があります。 過剰なミラーリングは違和感を感じさせてしまうので、まずは少し意識する程度から始めてみるのがよいでしょう。
話し方 声のトーン 	話す内容とは別に、話し方や声のトーンもまた非言語コミュニケーションの要素になります。具体的には、声の大きさや話のスピード、語気、テンポなどです。 1on1では、上司の立場を意識して無理に即答したり、威厳を保とうとした話し方は必要ありません。自然なスピードで落ち着いてハッキリと話すことが基本です。 また、表情と同様にミラーリングによってメンバーの声の大きさや話のスピードを合わせていくことも有効ですので、過剰にならない程度に意識してみるのもよいでしょう。
姿勢 身振り 	姿勢や身振りも相手に様々な印象を与えています。 上体を反らしてふんぞり返ったり、腕や足を組んで座る姿勢は、横柄な印象を与えてしまうことがあります。また、足や上体をせわしなく揺することも、イライラした印象を与えるので注意しましょう。 ただし、メンバーとの信頼関係が築かれているようであれば、無理に姿勢や身振りを意識する必要はなく、お互いリラックスできる姿勢で問題ありません。

3-7

「聴く」を振り返ろう

1on1で最も重要なスキルは「聴く」ことです。メンバーがこの人に話を聴いてもらいたいと思う聴き方もあれば、この人には話をしたくない、話す気をなくさせる聴き方もあります。自分がどのような「聴き方」をしているか振り返りましょう。

「聴き方」を振り返り聴くスキルを高める

● 聴き方をチェックしよう

①話を聴かずに作業をしている

　　相手が話をしているのにパソコン作業などに集中している。

　　オンラインでは目がキョロキョロしていて他の作業をしている。

②結論を求める

　　「結論から話してもらえますか？」「根拠も話してもらえますか？」

③沈黙に耐えられない

　　沈黙が苦手で、話し続けてしまう。

④話に興味や関心がない

　　「ふ〜ん、そうですか。」「あ、そうなんですね。」

⑤先入観で決めつける

　　「それは○○ですね。」「○○に決まってます。」

⑥議論好き

　　意見や提案に対して、「それって違うと思いますよ」と議論をはじめる。

⑦マウントをとってくる

　　話を聴きながらもさりげなく自慢をしてマウントをとる。

⑧ネガティブな感情に寄り添えない

　　「前向きに考えた方がいいよ。」「ポジティブに考えよう！」

⑨批判や否定をしてくる

　　「それはダメだよ。」「そんなんだから結果がでないんだよ。」

⑩価値観を押しつけてくる

　　相手の価値観を尊重できずに、価値観を押しつけてしまう。

⑪アドバイスや説得、余計な一言を言う

「こんな考え方もあるよ！」「そうではなくて、こうでしょう。」

あてはまったものが多くても問題はありません。まずは自分の聴き方に気づくことが大切です。気がついたら意識して改善していくと、「聴く」スキルが高まっていきます。

●学習の4ステップについて

新しく何かを学ぶとき4つの段階があり、1つずつステップアップをしていきます。「聴く」スキルの改善に役立ててください。

(1)無意識的無能

「知らないということも知らない、できていなことに気づいていない」段階です。たとえば「傾聴」について、傾聴を知らないし、できていないことに気づいていない段階です。

(2)意識的無能

「知ってはいるが、できない」段階です。傾聴を知ってはいるが、できていないことに気づいた段階です。これから「傾聴」トレーニングに取り組んでいけばよいわけです。これから取り組むべきことを理解した段階ともいえます。

(3)意識的有能

「意識していればできるが、意識していないとできない」段階です。話を聴いているときに、批判やアドバイス等をしたくなったとします。そのときに傾聴を意識すれば、傾聴をすることができる段階です。

(4)無意識的有能

「意識しなくてもできる」段階です。傾聴することを意識していなくても、自然と傾聴ができている状態です。

学習の4ステップ

意識できている

意識的無能　→　意識的有能

できない　←→　できる

無意識的無能　　無意識的有能

意識できていない

3-8

「聴く」における4つの基本姿勢

「聴く」には基本的な心構えがあります。余計なことを言わずにしっかりと聴く。問題を解決しようとせずに相手を理解しようとする。価値観や善悪で評価をしない。ネガティブケイパビリティーを高めることです。

傾聴のマインドを理解する

●余計なことを言わない

相手の話を聴いていると、ついアドバイスや余計な一言を言ってしまいたくなることがあります。聴くときは「何を言うか」ではななく、「相手に寄り添って、共感して聴く」や「**余計なことを言わない**」ことがポイントです。

相手が仕事への不安や人間関係の苦しさ、辛い気持ちをわかってほしい、共感してほしいと思って話しているのに、聴き手は数分経つと「励ましモード」になってしまう人が少なくありません。

「大丈夫だよ！　もっとポジティブに考えようよ」「誰だって不安だし、ストレスあるから」「私もそういう時期あったけどなんとかなったよ」などと言います。

もちろん相手のために言っているのですが、本人からすると「この人は話を聴いてくれない」「わかってくれない」という気持ちが強くなります。

1on1は上司が話をするための時間ではありません。メンバーの話を聴くための時間です。アドバイスしたくなったときは、深呼吸してみましょう。

●解決よりも理解しよう

問題解決がビジネスパーソンの重要なスキルです。相手の役に立ちたい、貢献したいという気持ちから、「これは、こういうことが原因で、ここをこうすれば解決するんじゃないかな」と、解決策のアドバイスをしたくなります。メンバーの問題や悩みを上司が解決してしまったら、依存的になり、メンバーの主体性を奪ってしまう可能性があります。

　解決策のアドバイスも有効ですが、1on1は上司がメンバーの問題解決をする時間ではありません。本人が問題や課題に向き合い、内省し、自分なりの答えを見つけ、行動することをサポートすることが重要です。

　メンバーはアドバイスを言われて辛くなることがあります。「今の自分ではダメなんだ」「答えを知っているけど、できない」「わかっているけど、踏み出せない」から苦しいし、辛い。この苦しさや辛さ、はがゆさに寄り添い、**理解しようとする姿勢**が大切です。すると、メンバーはあるがまま受け入れてもらったことで、安心感や信頼が生まれます。話も聴かれず、遮られて、アドバイスや結論だけ言われると「**気持ちのズレ**」が残ってしまいます。まずは傾聴や質問でメンバーを理解し、ニーズに応じてアドバイスをしていきましょう。

●価値観や善悪で評価をしない

　問題解決モードのまま1on1をすると、話した内容について分析し、評価しがちです。メンバーが人間関係の悩みについて相談したときに「相手の言っていることも正しいよね」「あなたのこの部分については反省が必要だと思う」などと、共感もされずに、一方的に分析や評価、批判されてしまったら、話す気がなくなってしまいます。安心して話すことはできないでしょう。

　自分の価値観や善悪で話を聴くと、相手に寄り添えなくなり、気持ちを受け止めることができなくなってしまいます。1on1の時間は、メンバーの気持ちを理解しようとすることが大切です。

●ネガティブケイパビリティーを高める

　ネガティブケイパビリティーとは、ネガティブな状態や未解決な状態、答えのない、でない状態を受け入れ、耐える力です。

　たとえば、メンバーがどうすればいいかわからず「ああかなぁ～、こうかなぁ～」と悩んでいて、結論がでない話を聴いていて苦痛になると、話題を変えたり、ポジティブに考えようと伝えてしまいます。メンバーが「う～ん」と考えて沈黙をしているときに、沈黙が気まずくて話しだしてしまうのはNGです。手っ取り早い答えや結論に飛びつかずに、ネガティブな状態に寄り添う、沈黙に耐える、相手の苦悩や感情を抱えることが大切です。その先に深い気づきがあります。

3-9

安心して話ができる心遣いをする

メンバーが安心して話ができる心遣いや工夫をしましょう。メンバーへの感謝やコンプリメント、座る位置や距離、非言語的表現などの心遣いをすると、メンバーが安心して話しやすくなります。メンバーは配慮されている、大切にされていると感じます。

声かけや非言語的表現で安心して話ができる関係をつくる

● 安心して話ができるような声かけをする

　最初に「○○さんとの1on1を楽しみにしていました。一緒に良い1on1にしていきましょうね」と声をかけてみましょう。「**一緒に**」と伝えることで上司とメンバーのリレーションをつくっていきます。1on1は上司任せでもメンバー任せでもなく、上司とメンバーが協力して取り組む共同作業です。お互いが主体的に協力してよりよい1on1になるように取り組むことが大切です。

　次にメンバーへの感謝や**コンプリメント**（褒める、ねぎらう）などを伝えましょう。「あぁ、なんか、いつもと感じが違うかも。安心して話ができそうだなぁ」など、少しでも安心してもらえることがポイントです。

● 座り方について

　話し手が安心して話せる位置や距離が大切です。1on1をはじめる前に「イスの向きや距離、話しやすい位置に椅子を動かしてくださいね」と伝えてみましょう。「メンバーは自由にしていいんだ」「自分で決めていいんだ」と心遣いや配慮を感じて少しリラックスします。人によって真っ正面、45度ぐらいの角度、90度、真横がいいという人もいます。座る場所を決めてもらうことは、主体的に1on1をしてもらう一要素です。

●聴くときのからだの姿勢

　姿勢は軽く前傾した姿勢で聴くのがよい、とされています。相手によって感じ方はさまざまですが相手に威圧感や圧迫感、ネガティブな印象を与えるのは、腕組みをしている、ふんぞり返っている姿勢です。自分では気づかずに腕を組んでしまうこともあるので、振り返ってみましょう。

　自分自身が**リラックス**できる姿勢で話を聴くことが大切です。こちらが緊張していると、相手も緊張させてしまうことがあります。聴き手がリラックスして聴きやすい姿勢で聴くことで、「あなたもリラックスして話しやすい姿勢でいいんですよ」ということを無言のメッセージで伝えることにつながります。

●視線について

　聴き手は話し手のどこを見るかもポイントです。話し手も聴き手もリラックスできて、話し手が「しっかり聴いてもらえている」感じが大切です。顔のあたりをぼんやりみていて、「ここが大切」というところで、しっかり視線を合わせるのがおすすめです。

　「90度（対面）法」の座り方はお互いの視線をあまり気にせず、適度に目線を合わせやい位置で面接ができます。話し手には自分の右側に座ってもらいましょう。カウンセリングで用いられる座り方です。

●オンライン1on1でのカメラの位置

　オンラインでの1on1ではまず、音声や映像を確認しましょう。相手と目線が合うように**カメラの位置**を調整しましょう。カメラを見下ろしてしまうと、相手に圧迫感を与えてしまいます。反対にカメラを見上げてしまうと違和感が出ます。顔だけアップで映っていると圧迫感を与えやすいです。モニターを複数使用していて、顔や目がキョロキョロすると、相手に他の作業をしているように思われる可能性がありますのでご注意ください（オンライン1on1の詳細についてはP262を参照してください）。

3-10

安心して話せる反応をする

うなずきやあいづち、表情やジェスチャーなどで「私はあなたの話を興味と関心をもって聴いていますよ」「あなたに共感していますよ、受け入れていますよ」ということを伝える効果があります。相手は話に反応してくれると安心します。

話を聞いていることが伝わる反応をする

● 相手の話にしっかりと反応する

・うなずき

聴き手がしっかりと丁寧に話を聴いていても、**うなずき**やあいづちがなく、無表情であれば、話し手は「反応がないし、あまり聞いてもらえなかった」「共感してもらえなかった」と感じてしまいます。相手のペースに合わせながら少し大きめにゆっくりうなずきましょう。

・あいづち

あいづちは、しっかりと声に出して、ゆっくりしましょう。たとえば、「そうですか」「はい」「う〜ん」「なるほど」「うん」「あ〜」「ハァ〜」「たしかに」など。低めの落ちついた声でゆっくりと丁寧にあいづちをうちましょう。あいづちのバリエーションがあると、しっかりと聴いてくれていると感じます。早すぎるあいづちは相手を急かします。「はい、はい」というワンパターンのあいづちはあたたかさのない冷たい印象を与えてしまいます。

・表情を変える

相手の話にあわせて**表情を変化**させることも大切です。聴き手が能面のような無表情な人であると、安心して話しにくいでしょう。目を大きく開いたり、細めたり、閉じたり。眉毛をあげたり、ひそめたり。口を開けたり、引き締めたり。相手の話にあわせて、表情もあわせていきましょう。

・ジェスチャー

　ジェスチャーを通じて話を聴いていることを伝えます。話を聴いていて「なるほど」と思ったときは、手をポンとうったり。一緒に悩んだり、考えているときは、頭に手を置いたり。興味や関心もって聴いていますよと言うときは、身を乗り出すような姿勢で聴いたり。相手の話にあわせて、ジェスチャーもしてみましょう。

　うなずき、あいづち、表情、ジェスチャーなどで、「あなたの話をちゃんと聴いていますよ。安心して話してくださいね」と感じてもらうことが大切です。

●ペーシングとチューニング

　うなずき、あいづち、表情、ジェスチャーなどで重要なことは、相手との「**呼吸合わせ（ペーシング）**」「**空気合わせ（チューニング）**」です。相手と呼吸を合わせるように、ペースを調整していきます。相手とラジオのチャンネルを合わせるように「雰囲気」を調整していきます。この人には安心して話ができるなぁ、と感じられる関係をつくるうえでのファーストステップは、ペーシングとチューニングです。

第3章　1on1の技術や態度①　良好な関係のための傾聴

非言語コミュニケーションの具体例

ゆっくり大きくうなずく

表情を変える

ジェスチャーを交える

3-11
「聴く」スキルで
内省プロセスをサポートする

「聴く」には重要なスキルがあります。相手の話したキーワードや語尾を繰り返す。相手の言わんとしていることや気持ちのエッセンスを伝え返す。心のパーツを伝え返す。心のつぶやきです。1on1でも普段のコミュニケーションにおいても役立つスキルです。

4つの「聴く」スキルで内省を深める

●キーワードを繰り返す

　相手の話の**キーワード**を繰り返します。オウム返しをする要領で相手と同じ言葉を繰り返します。たとえば、相手が「なんか、モチベーションが上がらないんです」と言ったら、「モチベーションが上がらないんですね」と繰り返します。そうすると、相手が「そうなんですよ、なんか、モヤモヤするんですよね…」と、話が進んでいきます。相手は「私の話をしっかり聴いてもらえている」と感じることができます。シンプルなスキルですが効果が高く、ペーシングやチューニングをしながらキーワードを繰り返すとより大きな効果を発揮します。

　相手にどう応答すればいいか悩んだときにも役立つスキルです。相手の話を聴いていて、アドバイスや説得をしたくなったことに気がついたら、深呼吸をしてキーワードを繰り返しましょう。

モチベーションが上がらないんですね。

なんかモチベーションが上がらないんです…。

● 共感的な伝え返し（理解の試み）

カウンセリングで、もっとも多く使われるスキルが**共感的な「伝え返し」**です。繰り返しは相手のキーワードや語尾をそのまま繰り返しますが、伝え返しは、話し手の表現している**「気持ちのエッセンス」**や**「相手の言わんとしていること」**を感じ取って伝え返します。

相手が言葉で言い表そうとしている「気持ち」「言わんとしていること」をありありとイメージしながら、「こういう気持ちかな？」と理解を確かめるように応答していきます。

「○○のように理解したのですが、いかがですか？」と相手の内的世界についての自分の理解があっているかを確認してもらいます。一致していれば「そうなんですよ」と話が展開していきます。少しズレていても、相手がもっと正確なニュアンスを伝えてくれます。これを繰り返していくうちに相手はより深く内省でき、**心の解像度**が高まります。

話の内容よりも気持ちに応答することがポイントです。その人が**「言わんとしていること」**「**まだ言葉にはなっていないが、心が感じている意味**」に応答していくことが重要です。

そうなんですね。新しいアイデアを考えるのが好きなんですか？

暇さえあれば新しいアイデアを考えています。

はい、大好きです！楽しいですし、発想が広がっていく瞬間がワクワクします。

● 心のパーツを伝え返す

　人間の心は矛盾や葛藤を抱えることがあります。「仕事を大切にしたい心」もあれば、「プライベートを大切にしたい心」もあります。

　たとえば、

「チャレンジや挑戦したい心」もあれば「安心安全でいたい心」もある

「社会で活躍したい心」もあれば「ひっそりしていたい心」もある

「活動的になりたい心」もあれば「のんびりしたい心」もある

「変化を求める心」もあれば「このままでいたい心」もある

「キャリアチェンジしたい心」もあれば「このままのキャリアでいたい心」もある

「自分を大切にしたい心」もあれば「相手を優先したい心」もある

「優しくなりたい心」もあれば「厳しくなりたい心」もある

「ポジティブな心」もあれば「ネガティブな心」もある

「寛容な心」もあれば「批判的な心」もある

「頑張りたい心」もあれば「休みたい心」もある

「ルールを守りたい心」もあれば「ルールを破りたい心」もある

　あわせて、「これらの心を眺めている心」や「2つの心を行ったり来たりする心」などがあります。

> メンバー：「最近は、いろいろな研修に参加して新しいことを学んだり、それを仕事にも活かせていて、仕事に達成感を感じます。そこで知り合った人たちと、プライベートでも集まってワイワイ過ごしているので、とても楽しいんです。仕事もプライベートも充実していて幸せです。けど…、ふと、なんか、ちょっと…う〜ん、**違和感**というか…。まあ、幸せだから良いんですけど！」
>
> 上司：「そうなんですね。仕事もプライベートも充実していて幸せを感じている心と、ふと、なんか…違和感を感じる心があるのですね？」

　話の中に複数の心がでてきたときは、複数の心を伝え返します。どの心が良いとか、悪いとかではありません。いずれも自分の大切な心です。

　ポジティブな発言だけを伝え返すのではなく、ネガティブな発言もあわせて伝え返します。ついポジティブな発言だけを伝え返しがちですが、実はネガティブな発言が本音であることも少なくないです。話にでてきた心のパーツをゆっくりと伝え返すと、心が動いた方の話を展開していきます。

プライベートを大切にしたい心　　　　　仕事を大切にしたい心

2つの心を行ったり来たりする心

● 心のつぶやき（感情をつぶやく）

　相手になりきって話を聴いているときに、自分の中にふと浮かび上がった言葉をつぶやくように伝えるスキルです。相手の話を聴いているときに、自分の中に浮かんできた「感じ」や「気持ち」「思い」をつぶやくように伝えていきます。

「あ…やりたい…どうしてもやりたい、何が何でもやりたい」
「そっか…やってられない…もう…やってられない」
「…わからない…あ…どうすればいいかわからない」

　このように相手のこころの世界を体験しているときに、ふと浮かんでくる言葉は、**相手の表現していることのエッセンス**を掴んでいることがあります。相手がまだ言葉になっていない、けれども感じられた意味があることのエッセンスをぽつりとつぶやくように言葉にしていくと、**深い共感的な応答**になります。

3-12

沈黙の中に黄金がある

1on1で沈黙が苦手な人は少なくありません。話を聴いていて、話題が一段落したときや深く考えこむタイミングで「沈黙」になることがあります。沈黙に耐えられずに聴き手である上司から話しはじめるのではなく、沈黙に寄り添えるとさらに聴けるようになります。

沈黙に強くなると話が聴けるようになる

● 沈黙ができると話が聴ける

「沈黙」が苦手な人は、沈黙になったときにメンバーが話しだすのを待てずに話し始めてしまう傾向があります。上司は聴き手のはずなのに、沈黙を恐れるあまりに話し続けてしまうことがあります。気まずい沈黙が苦手で好ましいものではなく、話が途切れるタイミングで何か話し続けなければならないという考えを持っているかもしれません。話すことによって気まずい沈黙は防げますが、重要である「聴く」ができなくなってしまいます。

● 内面探索モードのときの沈黙に寄り添う

集中して考えているときに話しかけられると思考が中断してしまいます。もう少しで言葉になっていない、曖昧な何かが見つけられそうな瞬間に声をかけられたら、その何かが遠のいてしまいます。その後、同じように考えても見つかるか分かりませんし、その何かを見つけるのに時間がかかります。

メンバーが沈黙をしていて、自分の内側に向き合っている**内面探索モード**（内省）のときには、余計なことは言わずに多少の気まずい沈黙に慣れる必要があります。沈黙が訪れたときは、5～10秒ぐらい間をあけましょう。話しだそうとする自分に気づいたらゆっくり深呼吸しましょう。ゆっくりとうなずきながら、心の中でその内容を吟味してみましょう。

　本人はどんな感じなのかな、どんな意味を感じているのかなと考えてみましょう。考えている時間が沈黙になっています。「う〜ん、そっか、う〜ん」というようなことを言ってメンバーと一緒に考えましょう。

　沈黙の中で、何かを感じたり、気づいたりすると、相手が話し出すものです。メンバーのペースで、メンバーの感じていることを話してもらいましょう。

●「沈黙の温泉」にのんびりつかる

　ビジネス会話はペースが速いほうが効率的ですが、内面探索モードのメンバーは内側に意識を向けながら話をします。まだ言葉になっていない、曖昧な感じを言葉にするのでゆっくりしたスピードになります。「**沈黙の温泉**」にメンバーと一緒にのんびりつかるイメージです。余計なことを言わずにのんびり待ちましょう。

う〜ん…。

内面探索モードの沈黙がある1on1は
黄金（大きな気づきや学び）が見つかる
かもしれません。

3-13

1on1で心の解像度を高める

ビジネスコミュニケーションは理路整然とテンポよく話すこと、結論と根拠を明確にしてわかりやすく話すことが求められますが、1on1ではビジネスコミュニケーションをする必要はありません。まだ、言葉になっていない曖昧な感じを丁寧に言葉にしていく、内的な体験のプロセスが重要です。1on1で心の解像度を高めると大きな気づきや学びになります。

内側の曖昧な感じを言葉にしていく

●話すことで言いたかったことに気づく

考えがまとまっていない話でも、いろいろと話しているうちに考えが整理され、深まっていきます。「さっきはこう言ったけど、話しているうちになんか、こっちが良いと思いました。う〜ん、やっぱり、本当はこっちかもしれませんしれません」というように、私たちの感じていることはどんどん変わっていきます。話しているうちに、私が言いたかったことはこれだったんだと気づくようになります。

●「体験・表現・理解」のサイクル

いま、まだ言葉になっていない感じている「体験」を、言葉で「表現」し、それを「理解」するサイクルを回していくことで心の解像度が高まっていきます。たとえば、メンバーがちょっとした「モヤモヤ」を感じたとき、その瞬間に「モヤモヤ」が体験されていて、その表現が「モヤモヤ」になり、「モヤモヤ」しているという理解になります。その感じに触れていると、「モヤモヤというよりは不安かも」と、より適切な表現が浮かんで新しい理解に進展します。体験・表現・理解のサイクルを回して心の解像度を高めていきましょう。

●内面探索をサポートする

業務報告や進捗確認などの事実ベースの話の共有ばかりのときは、「いま、この話をしていて、どんな感じがありますか?」と問いかけてみましょう。メンバーが「う〜ん」と沈黙したり、言いよどんだり、考えている場合は何かを感じているかもしれません。

　メンバーが自分の内面に意識を向け、曖昧ながら何か意味のありそうな感じを言葉にしてもらいます。「う〜ん、こうかなぁ、やっぱり、こんな感じかなぁ〜」と内面探索がスタートします。焦らず落ちついてゆっくり感じてもらうこと、ゆっくりペースを落として話してもらうことが大切です。早く話すと、気持ちを感じにくくなり、心の声が聴こえにくくなります。上司から「ゆっくり感じてみましょう」「ゆっくり話してみましょう」と声かけをしましょう。

　メンバーのなかには自分の感覚や気持ちをうまく言語化できない人もいます。そのときは、上司が「話を聴いていると、私は○○と感じました」「○○のような気持ちになりました」などと伝えてみましょう。メンバーが「ちょっと何か違和感があります」と答えたら、「もう少し詳しく教えてくれませんか？」と質問します。このやりとりを通じて、メンバーはまだ言葉になっていない曖昧な感じ、実感を言葉にして心の解像度が高まっていきます。

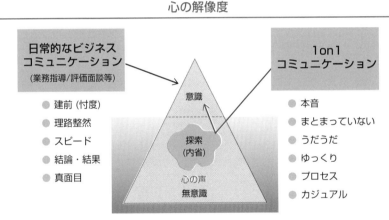

心の解像度

「体験・表現・理解」のサイクル

出典：世界標準のリスニング講座（池見陽）をもとに作成

Exercise 1

- ●「聴く」を振り返ろう(P70)をチェックしてみての気づきや学びなどを記入して
  みましょう。

- ●「聴く」における4つの基本姿勢(P72)を実践してみての気づきや学び、使い方
  のコツ、相手の様子などを記入してみましょう。

- ●「安心して話ができる心遣いをする」(P74)、「安心して話せる反応をする」(P76)
  を実践してみての気づきや学び、使い方のコツ、相手の様子などを記入してみ
  ましょう。

- ●「沈黙」(P82)を実践してみての気づきや学び、使い方のコツ、相手の様子など
  を記入してみましょう。

Exercise2

● 「キーワードを繰り返す」(P78)を実践してみての気づきや学び、
使い方のコツ、相手の様子などを記入してみましょう。

● 「共感的な伝え返し(理解の試み)」(P79)を実践してみての気づきや学び、
使い方のコツ、相手の様子などを記入してみましょう。

● 「心のパーツを伝え返す」(P80)を実践してみての気づきや学び、使い方のコツ、
相手の様子などを記入してみましょう。

● 「心のつぶやき(感情をつぶやく)」(P81)を実践してみての気づきや学び、
使い方のコツ、相手の様子などを記入してみましょう。

Column 3
フォーカシングとは?

　フォーカシングとは「自分の内側と深くつながる」方法です。自分の内側に意識を向けて、時間をかけて、丁寧に、深く触れていくと、ふと新しい言葉やイメージが浮かんできて、大切な気づきになることがあります。心の声を聴くことで人生が豊かになります。

　自分の内側の「何か」に意識を向けて、「なんて言うか…う〜ん」と、それを何とか言葉やイメージにしていきます。まだ、言葉やイメージになる前の「曖昧な感じ」「漠然とした違和感」「感じられた意味」のことを**フェルトセンス**と呼びます。このフェルトセンスに触れながら言葉を探っていくことがフォーカシングです。

　1on1でもフォーカシングは重要です。1on1をする側が、自分の内面に触れていると、受ける側も内面に触れていけるようになります。

> フォーカシングにおける「うちなる自分とのつきあい方」

出典：諸富祥彦『カウンセリングの理論 (上)：三大アプローチと自己成長論』(誠信書房)をもとに作成

第4章

1on1の技術や態度②
質問で対話を促進する

1on1で最も重要なことは、傾聴と質問によって対話の
サイクルを回していくことです。この章では、効果的な
1on1のための対話の基礎力である傾聴力・質問力・伝
達力・心身を整える力の4つから、相手への質問を通じ
て深い内省を促し、新たな気づきを引き出すための『質
問力』に焦点を当て、様々な質問の種類や特徴、具体的
な使い方について解説していきます。

4-1

「質問」で新たな視点を生みだす

1on1で上司がやらなければならないことを端的にまとめるならば、「聴く」「質問する」「伝える」の3つです。ここでは思考の整理や気づきにつながる「質問」の目的や効果について説明をしていきます。

質問は気づきを生み、メンバーの思考や行動に影響を与える

● 質問する力の必要性

対話のサイクルを適切に回していくためには、相手の話を聴く傾聴力だけでなく、相手の**内省**を促して**気づき**を引き出す質問力が重要です。

この2つの基礎力は、1on1に限らず日常的な雑談や営業トークなど、様々なコミュニケーションの場面でも活かすことができます。

話を聴くことと質問することは、車に例えるならば左右の車輪のようなもので、どちらが欠けてもバランスを崩してしまい、安定して前に進めません。

例えば、聴く力だけが強く、質問する力が弱い上司の場合、メンバーは段々と話すことが尽きてしまい対話が停滞してしまいますが、双方のバランスが良い上司だと、話題に広がりや深みが生まれて対話が活性化していきます。

● 質問の目的

1on1はメンバーのための時間です。そのため、上司の興味や関心事を満たすために質問をするのではなく、メンバーの内省を促し、そこから気づきを引き起こしてもらうために質問をする必要があります。それこそが最も重要な質問の目的です。「進捗状況はどうなっていますか？」といった情報を得るための質問も必要ですが、1on1で重要なのは答える過程で、深く考えて内省してもらう質問です。

●気づきの力

　それでは、なぜ気づきを引き起こすことが重要なのでしょうか？

　気づきとは、複雑に流れる思考の交通網の中に、これまで知ることのなかった抜け道を見つけだすようなものです。その抜け道によって、これまで関連のなかった場所に繋がりや意味が生まれたり、未知の領域へ足を踏み入れたりできるようになるのです。

　つまり、質問によって引き出された気づきとは、これまでとは違う角度でのものごとを捉えるための新しい視点であり、学びなのです。気づきには、自分自身も知らなかった無意識的な思いを見つけたり、考えもしなかった問題解決のアプローチを思いつくなどの効果があります。

　そのような気づきを日常に取り入れ、メンバーが自身の内面に統合していくことにより、その後の思考や行動に変化が生まれ、心理的な成長へとつながっていきます。

質問から成長へのプロセス	
質問	・質問と傾聴は、車輪のように双方のバランスが大切 ・上司の興味や関心事を満たすためだけの質問はしない ・質問で内省を促して気づきを引き起こす
内省 気づき	・内省とは質問に答えようとする過程で思いを巡らせること ・気づきとは違う角度でものごとを捉えるための新しい視点
成長	・自分なりの気づきを日常に取り入れていくことが大切 ・深い気づきによって価値観や認識が揺さぶられ、 　思考や行動に変化が生まれる

● 質問のポイント

　気づきを引き起こすための質問の技術は様々ありますが、それらについては次頁以降で扱っていきます。ここでは質問をする上で押さえておかなければならない、基本的なポイントについて解説していきます。まずは以下の2つの例をみてみましょう。

例1　上司：「新サービスの開発状況はどれくらいですか？」
　　　　メンバー：「70％くらいです」

例2　上司：「新サービスのパフォーマンスに対する数値指標と、それが当初プランに対してオンタイムかどうかを教えてください。もし遅れているなら、プランのアップデート資料を用意する必要がありますが大丈夫ですか？」
　　　　メンバー：「すみません、もう一度よろしいでしょうか」

　例1は、端的で何を訊かれているのかがわかりやすく、返答に困りません。一方、例2では専門用語や複雑な言い回し、さらに同時に複数の質問がされており、メンバーは上手く質問に答えられません。

　つまり、質問をする上での大事なポイントは、端的に質問すること、同時に複数の質問をしないことの2つです。このポイントが押さえられていないと、無駄な思考の負担がかかり、質問の内容すら理解してもらえないでしょう。

　また、信頼関係が不十分だと効果的な質問であっても気づきを引き起こしにくくなりますので、手応えがない場合には、まず信頼関係の構築を意識してください。

●「質問する」と「問いかける」

　「質問する」と似た言葉に、**「問う」「問いかける」**という表現があります。状況によっては、「質問する」は答えがあることを前提に尋ねることであり、「問う」「問いかける」は答えがない中で共に見つけ出すことを指すことがあります。しかし、本書では「質問する」という言葉の中に、答えのない領域を探求する意味合いも含めていますので、ここでは同じ意味として捉えてください。

●質問の効果

　質問は気づきを引き起こすだけでなく、それと関連した様々な効果がありますので、代表的なものを紹介いたします。

・信頼関係の構築

　メンバーが話したいと望む話題に関心を持って質問をすると、話に広がりが生まれ、対話が活性化していきます。それによってメンバーの中で「話しやすい人だ」「興味を持ってくれている」「認めてくれている」といった感覚が生まれ、お互いの信頼関係の構築に繋がります。

・思考の整理

　上司の質問に答えを見つけようとするとき、これまで考えたこともなかった観点や、曖昧にとらえていた考えを整理して話す必要があります。頭の中にある思考を言語にする過程で、自ずと論理的な道筋が描かれて思考が整理されていきます。それによってメンバーから「1on1をしていたら色々と整理されました」といった感想もでてくることでしょう。

・新たな視点/視野の広がり

　質問はこれまでと違う観点を提供する力があります。質問によってメンバーの視点をわずかに変化させることで、新たな視点や視野の広がりが生まれ、これまでの考え方を一歩外したような斬新な発想や見過ごしていた解決策が思いつきます。

・認識の変化

　質問はメンバーの中で無意識的に形づくられている認識や固定概念を揺さぶる力があります。これまで当然と考えてきたことが質問によって問題提起され、「これは本当に当たり前なのか？」と疑えるようになるためです。そのような変化は、価値観や自己認識といった人の深い層に影響し、物事の捉え方や考え方に大きな影響を与えます。認識の変化は頻繁に起こるものではありませんが、効果的な質問はそのきっかけになるでしょう。

「深める / 広げる / まとめる」
質問の3つの方向性

質問には大きく3つの方向性があり、それぞれに特性があります。質問の方向性を理解し、状況に合わせた活用をすることで効果的な質問ができるようになります。ここでは、「深める」「広げる」「まとめる」という質問の3つの方向性について見ていきましょう。

状況に合わせて質問の3つの方向性を活用する

●日常会話での事例

 最近は海外ドラマが面白くて色々と見ているのですが、先週も徹夜をしてあるドラマの全エピソードを見ちゃいました

 そうなんですね。どんなドラマでどこが面白かったのですか？私もドラマが好きなので詳しく教えてもらいたいです ［質問1］

 シカゴで働く弁護士の話なのですが、犯人とのやりとりがリアルでとても緊張感があるんです

 ああ、私も全部見ました！ どのエピソードも面白いですよね。もしよければ、他に面白かった海外ドラマを教えてくれませんか？ ［質問2］

 いいですよ！ 他には捜査官のドラマや銀行員のドラマが面白かったです

 どれも気になりますね！ 色々と見られているみたいですが、Aさんが好きなドラマに共通点はあるのですか？ ［質問3］

 ええと、そうですね…これまで見てきたドラマはどれもリアリティのあるものばかりなので、リアルな社会派ドラマが好きなのかもしれません

● 方向性の違う3つの質問

　左頁の事例はどこにでもある日常的な会話ですが、実はこの中にコミュニケーションを円滑に進めていくために必要な、方向性の違う3つの質問が含まれています。それが、**深める質問/広げる質問/まとめる質問**です。

・話題を具体化していく「深める質問」

　深める質問とは、ある話題に対して「具体的に教えてくれますか？」や「詳しく話してもらえますか？」と尋ね、話題をいくつかの要素に分解することで理解を深めてもらう質問です。例文の質問1では「どんな」と「どこが」の2つの要素を尋ねることで、話題に対する理解を深めています。

　要素を分解して捉える質問には5W1H（いつ/どこで/誰が/なにを/なぜ/どのように）の考え方があります。5W1Hは深める質問として多くの場面で有効ですが、「いつ？　どこで？　誰が？」のように続けて使いすぎると、無駄な質問が増えてしまい、相手が疲れてしまう場合があるので注意しましょう。

・話題に新しい展開が生まれる「広げる質問」

　広げる質問とは、「他にはなにがありますか？」や「それ以外にもありますか？」と尋ね、話題に関連した他の選択肢について考えてもらう質問です。

　質問2では「他に面白かった海外ドラマを教えてくれませんか？」と尋ねることで、別のドラマのタイトルが出てきており、話題に新しい展開が生まれています。コーチングでは、「他には？」「他には？」と複数回にわたって広げる質問を繰り返すことによって、本人も気がついていない考えやアイデアを引き出す技術がありますが、こちらも続けて使いすぎると印象を悪くしてしまうので注意してください。

・話題を一つ上の次元でとらえる「まとめる質問」

　まとめる質問とは「つまりどういうことですか？」や「まとめるとどうなりますか？」と尋ねて、散らばっている要素をまとめ、単純化することによって一つ上の次元で物事を捉えてもらう質問です。

　質問3では「共通点はあるのですか？」と尋ねることで、捉え方の次元が上がり「社会派ドラマ」という視点が生まれています。

要素をまとめあげる質問であるため、深める質問や広げる質問により話題が広がった後で活用してください。ある話題について話し終えたタイミングや、1on1の最後などで使うと効果的です。

上司とメンバーの事例

 新しいプロジェクトのマネージャーになったのですが、いろいろと不安がありまして、どうしようか迷っているんです　話題

 不安についてもう少し詳しく教えてくれませんか？　深める質問

 一体何から手を付ければいいのか分からず、時間だけがどんどん経過していくような気がしてならないんです

 手をつけるべき課題として、例えばどのようなものがありますか？　深める質問

 そうですね、プロジェクトのチーム編成とその役割決めが必要です。それと、チームで使う管理ツールの選定や準備があります

 他には？　広げる質問

 ええと、大まかな作業工程とサービスの方向性を決めることです

 それ以外だと？　広げる質問

それ以外ですか、うーん、そうですね…。ああ、お客さんのニーズを把握しておかないといけないですね。それがわからないと進められないことも多いので。そう考えるとプロジェクトに影響を与えるステークホルダーを特定しておかないといけないと思いました　気づき

 ここまでの話をまとめるとどうなりますか？　まとめる質問

 見えていないことが多く、それを整理できていないことが不安につながっているのかもしれません。具体的な課題の対処も必要ですが、まずは落ち着いてプロジェクトの全体像を洗い出して整理したいと思いました　思考の整理

● 3つの方向性を活かす

　左頁の事例では、上司が話題に対して深める質問を繰り返すことで状況を理解し、その上で広げる質問を繰り返してメンバーの視野を広げ、気づきを得られるように進めています。また、ある程度話題が展開されたタイミングで、一つ上の次元で考えてもらうためのまとめる質問をしており、その結果としてメンバーは自身の状況をより高い視点で捉えることができ、思考の整理にもつながっています。

　事例の上司は、深める質問から広げる質問へと展開していますが、必ずしもこの順序で進める必要はありません。広げる質問で選択肢を広げてから、深める質問で理解を深める場合もあります。まとめる質問は話題に結論をだすようなイメージなので、一通り話し終えたタイミングで使っていくのがよいでしょう。

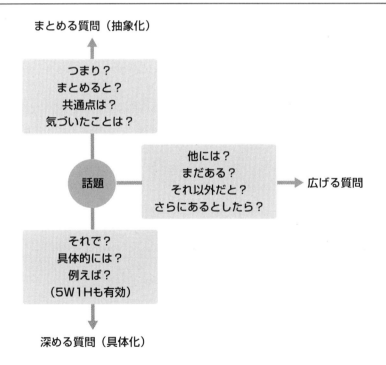

質問の3つの方向性

まとめる質問（抽象化）

つまり？
まとめると？
共通点は？
気づいたことは？

話題

他には？
まだある？
それ以外だと？
さらにあるとしたら？

広げる質問

それで？
具体的には？
例えば？
（5W1Hも有効）

深める質問（具体化）

4-3

2つの質問方法を使いわける

質問の力を引き出すためには質問の種類やその効果を理解して使っていくことが大切です。ここでは2つの質問方法として、クローズドクエスチョンとオープンクエスチョンを解説していきます。

2つの質問方法 クローズドクエスチョンとオープンクエスチョン

● 2つの質問方法

　質問には「はいorいいえ」で答えられるものと、自由に考えて答えるものがあるのを知っていますか？

　質問を通じてメンバーの思考を刺激し、深く物事を考えてもらうためには質問の種類と効果を把握しておくことが大切です。質問の種類は大きくわけて**クローズドクエスチョン**（限定質問）と**オープンクエスチョン**（拡大質問）の2つがあります。

　「昨日の仕事は忙しかったですか？」のようにYES/NOで答えられる質問がクローズドクエスチョンで、「昨日の仕事はどうでしたか？」のように自由に答えを見つけられる質問がオープンクエスチョンです。

● 質問方法の特徴

　クローズドクエスチョンは「はいorいいえ」や「白or黒」など限定的な選択肢の中から答えを選んでもらう質問方法であるため、だれでも答え易く、回答を迷いにくいという特徴があります。そのため、対話のきっかけ作りや、最終的な意思を確認したい場面など、対話の最初や最後での活用が効果的です。

　オープンクエスチョンは自由な選択肢から答えを見つけ出してもらう質問方法であるため、考えるのに時間がかかり、答えにくい代わりに、深く考えてほしい話題や、メンバー独自の思いや考えを引き出す上で有効となります。

　質問にはこの2つの方法があることを理解し、場面に応じて使い分けていきましょう。

質問方法とその特徴

	クローズドクエスチョン	オープンクエスチョン
具体例	YES/NO 「和食を食べたいですか？」 限定された選択肢 「ご飯とパンのどちらを食べたいですか？」 「和食・洋食・中華ではどれが食べたいですか？」	5W1H What「なにを食べたいですか？」 Why「なぜ食べたいのですか？」 Who「だれと食べたいですか？」 When「いつ食べたいですか？」 Where「どこで食べたいですか？」 How「どのように食べたいですか？」
特徴	メリット ● はい/いいえなど答えが明快 ● 回答が限定されるため答えやすい ● すぐに答えられる デメリット ● 深く考えてもらいにくい ● 対話に広がりが生まれにくい ● 追い詰めるような印象になる場合も	メリット ● 深く考えられる ● 対話に広がりが生まれる ● 新たな気づきや発想につながる デメリット ● 回答の幅が広いため答えにくい ● 回答に時間がかかる ● 明快な答えが得られない場合も
イメージ	和食が食べたいですか？ YES　NO	なにを食べたいですか？ 和食　コース料理　オムレツ　甘いもの　など

第4章　1on1の技術や態度②　質問で対話を促進する

●クローズドクエスチョンで対話の範囲を決める

　2つの質問方法には前頁のような特徴があるため、1on1では場面に応じて使い分けていくことが必要です。

　クローズドクエスチョンは話の切り出しや、対話の範囲を決める上で有効ですが、注意点として、使いすぎると上司が主体になってしまったり、場合によっては追い詰めるような印象を与えてしまうことがあります。

×クローズドクエスチョンのみの質問例

　　　上司：「先日の商談は問題ありませんでしたか？」（CQ）

　メンバー：「あ、はい、問題ありませんでした」

　　　上司：「お客様は営業資料の内容に納得されていましたか？」（CQ）

　メンバー：「はい、とても納得してくれていました」

　　　上司：「次回の訪問時には見積もりを持っていきますか？」（CQ）

　メンバー：「そうですね、持っていきます」

　　　上司：「こちらのお客様から受注できそうですか？」（CQ）

　メンバー：「ええっと…ちょっとまだ何とも」

（CQ：クローズドクエスチョン　OQ：オープンクエスチョン）

　上記の例ではクローズドクエスチョンが繰り返されていることで、上司主導の対話となっています。その結果、メンバーが自分自身でものごとを考える余地がなく、段々と追い詰められている印象になっているのです。

●オープンクエスチョンでメンバー自身に考えてもらう

　オープンクエスチョンはYES/NOで答えられないため、メンバーが自分なりの答えを探し、それを言葉にする必要があります。そのため、気がついていなかった新しい観点が得られたり、意識していなかった深い思いを引き出せる質問方法です。

　1on1ではメンバーの建設的な変化や成長を目的としているため、内省や気づきを促すオープンクエスチョンは最も重要なアプローチです。

　心理的に行き詰まった状態を突破する上でも有効なアプローチなので、「新しいアイデアを発想してほしい」「失敗を恐れず挑戦してほしい」といった場面でも効果的な質問方法です。

● 2つの質問を使いわける

　信頼関係が築けていれば、「商談はどうでしたか？」といったオープンクエスチョンから始まる対話でも問題ありません。どのような相手でも考えやすく話しやすい対話を構築するには、最初にクローズドクエスチョンで考えてほしい領域を限定し、その上でオープンクエスチョンで深く考えてもらうアプローチが有効です。

○2つの質問方法を使った対話例

　　　　上司：「C社との商談は問題ありませんでしたか？」（対話の範囲を決めるCQ）

　メンバー：「はい、問題ありませんでした」

　　　　上司：「営業資料への反応はどうでしたか？」（OQ）

　メンバー：「反応良かったです。サービスに納得してくれていました」

　　　　上司：「このあとどのように進めましょうか？」（OQ）

　メンバー：「そうですね、具体的な仕様についての確認があったので、詳細資料をお送りして、問題なければ見積もりを作ろうと思います」

　　　　上司：「受注するためには何がポイントになりそうですか？」（OQ）

　メンバー：「ええっと…サービス導入後の運用イメージを気にされていたので、そのあたりはエンジニアに相談してみます」

　オープンクエスチョンは、メンバーが自分で考えて答えを見つける必要があるため、負担のかかる質問方法です。一方で、頭の中の考えを整理し、回答するプロセスは、思考を整理したり新しい気づきを得るのに役立ちます。1on1では、これらの2つの質問方法を使い分けて上手に活用していきましょう。

最近どうですか？

ぼちぼちですね

上司

メンバー

相手との関係性や状況に応じて
質問の範囲や方法を考える

「なぜ?」は言い換えて質問する

理由や原因を特定するための「なぜ?」という質問は、5W1Hの1つとしてビジネスシーンで日常的に使われています。しかし、1on1など対話の場面で「なぜ?」を使うときには注意が必要です。ここでは「なぜ?」の注意点と、有効に使うための言い換えについて解説していきます。

「なぜ?」は便利だが非難するような印象を与えてしまう

●「なぜ?」は理由や原因を探る代表的な質問

5W1Hの中でも、Whyの「なぜ?」は理由や原因を尋ねるために使われる代表的な質問であり、ビジネスシーンでも日常的に使われています。

例えば、仕事でトラブルが発生した場合、「トラブルが起きたのはなぜか?」を明らかにして対策をすることで再発防止につながります。

また、以下の事例のように、ある事象に対して「なぜ?　なぜ?」と何度も質問をすれば、表面的な原因ではなく、根本的な原因を探ることもできます。

事象　　：アパレルのECサイト利用者から多くのクレームが発生
なぜ?：ECサイトでクレジットカードの決済エラーが起きていた（原因1）
なぜ?：カード情報がシステム内で正しく処理されていなかった（原因2）
なぜ?：システムのセキュリティ設定に不備があった（根本的な原因）

● 対話での「なぜ?」は注意が必要

理由や原因を探るのに便利な「なぜ?」ですが、1on1など対話の場面では使い方に注意が必要です。

例えば上司から「トラブルが起きたのはなぜですか?」とメンバーに尋ねると「すみません、自分の不注意です」のように、謝られてしまうことがあります。

これは、「なぜ?」という質問が反省や非難を含むニュアンスを持っているからです。

また、「なぜこの仕事をやりたいと思ったのですか?」という質問に対して、「なんとなく楽しそうだからです」のような曖昧な返答により、どのように話を進めればよいかわからなくなる場合もあります。これは、先のECサイトの例のように明確な因果関係のある事象とは違い、本人でもわからない無意識の思いに対する理由を尋ねているためです。人の思考や行動の原因は、様々な要素が絡み合い、非常に曖昧で複雑です。そのため、いくら「なぜ?」と訊かれても簡単には答えられません。

このように、対話での「なぜ?」は、相手が非難されている気持ちになったり、うまく返答できない可能性があるので注意が必要です。

●「なぜ?」と尋ねたくなった場合には?

それでは「なぜ?」と尋ねたくなった場合にはどうしたらよいのでしょうか?
その場合には「なぜ?」以外の5W1Hによって言い換えるのが有効です。

以下の表のように言い換えると、「なぜ?」の質問に比べて具体的で、メンバーの負担が少なく答えやすい質問になります。
例えば、「トラブルが起きたのはなぜですか?」という質問は、「なにがきっかけでトラブルが起きたのですか?」のように言い換えると、非難するようなニュアンスが軽減されます。
「なに?」は「なぜ?」を言い換えやすいので、理由や原因を質問したいときには、「なに?」を活用してみましょう。

「なぜ?」の言い換え例
なぜ(Why) なぜこの仕事をやりたいと思ったのですか?
⬇ 言い換えることで考えやすい質問になる
なに(What) なにがきっかけでこの仕事をやりたいと思ったのですか?
どのように(How) どのような経緯でこの仕事をやりたいと思ったのですか?
だれ(Who) この仕事を選んだのは誰かの影響があったからですか?
いつ(When) いつからこの仕事に興味をもっていたのですか?
どこ(Where) この仕事のどこに魅力を感じたのですか?

第4章 1on1の技術や態度② 質問で対話を促進する

4-5

深い内省を促す質問

質問は対話の流れに変化を加える要素であり、特に相手の本質や問題の核に向かうように促す質問を「パワフルクエスチョン」と呼びます。ここでは、本質を問うためのパワフルクエスチョンについて解説していきます。

シンプルだからこそ本質を突いた深い内省を促す

●本質を突くパワフルクエスチョン

オープンクエスチョンの中でも、対話の本質や問題の核を突いて、一気に視野を広げられる質問を**パワフルクエスチョン**と呼びます。

パワフルクエスチョンは相手の内省を深めたり、視野を広げたりすることを目的としたアプローチであり、コーチングやカウンセリングなど様々なシーンで用いられている質問の基本的な技術となります。

●パワフルクエスチョンの特徴

パワフルクエスチョンは、1on1で使われる他の質問に比べると、抽象的でシンプルという特徴があります。さらに、抽象的であるため考える範囲が広く、真剣に答えようとすればするほど、相手には大きな負担がかかります。そのため、パワフルクエスチョンを投げかける場合には、連続的に使わないように心掛けたり、次回の宿題にしたりするなどの工夫が必要です。

メンバーがパワフルクエスチョンに向き合い、自分なりの回答を見つけ出そうとすると大きな負担がかかりますが、上手く行けば「ああ！　そういうことか！」と声を上げたくなるような深い気づきを得られるでしょう。

●パワフルクエスチョンの活用例

メンバー：いま進めている大手企業との取引ですが、同じチームのBさんが作る資料はすごくわかりにくくて、結局わたしが全部修正しないといけないんですよね。それに営業のCさんもこの件について全く協力的じゃないから、私がいくら頑張っても上手くいくとは思えないんです。いい加減にしてほしいです。

上司：つまり、一番の問題は何ですか？

メンバー：一番の問題ですか？…ええっと、結局チームメンバーに腹を立てている自分がいるのですが、その気持ちや思っていることをうまく伝えられないのが問題かもしれません。それができれば色々と前に進みそうな気がします。

	パワフルクエスチョンの例
過去の話題	● そこから得られたものは何ですか？ ● あなたの中で変化したことがあるとしたら何ですか？ ● もう一度やり直せるならどのようにやりますか？ ● 結局あなたの一番の武器は何でしたか？ ● ずっと我慢していることは何ですか？ ● それについてあなたの心は何と言っていますか？
現在の話題	● 今、何が起こっているのですか？ ● あなたを動かしている原動力は何ですか？ ● 一番の問題は何ですか？ ● つまり、あなたは何を求めているのですか？ ● 完璧な自分だとしたらどのように進めますか？ ● 壊すことをためらっている壁は何ですか？
未来の話題	● 何から始めますか？ ● その先に待っているのは何ですか？ ● 人生は前に進んでいますか？ ● あなたの人生はどこに向かっていますか？ ● どのような人生を生きていきたいですか？ ● 何をやっても上手くいくとしたら何をしますか？ ● 最終的に何が残っていれば満足ですか？

4-6

曖昧な言葉を具体化する質問

抽象的で曖昧な表現は、人それぞれで解釈が異なります。曖昧な言葉はそれを発している本人であっても、その言葉の先にある具体的な意味について理解しているとは限りません。ここでは、質問によって曖昧な言葉を具体化することで、そこに隠されている思いを自覚してもらう方法を扱います。

曖昧な言葉は質問によって具体化する

● 曖昧な思いを表現する言葉

　メンバーから「最近、仕事のやりがいが感じられなくて…」と言われたらあなたはどのように受け取るでしょうか？「では、どんな仕事をやりたいのですか？」と尋ねてみても「うーん…自分でもよくわからなくて」と返答されてしまうのはよくある話です。

　ここで注目したいのは「やりがい」という言葉です。「やりがい」は個人の主観に基づいて意味合いが変化する言葉であり、とても抽象的で曖昧な表現です。そのため、人それぞれで受け取り方が違うだけでなく、メンバー自身もぼんやりと感じている思いを表現するために選んだ言葉なので、その言葉の先にある具体的な意味について理解しているわけではないのです。

● 具体化や言い換えにより思いを確かめる

　曖昧な言葉で対話を進めても、なかなか話が噛み合いません。

　そのため、曖昧な言葉がでてきた場合には、具体化をしたり、言い換えて表現してもらうことで、ぼんやりと感じている思いが何なのかを、確かめながら具体的に表現してもらいましょう。

　例えば「やりがいってどんな感じですか」や「やりがいについて詳しく教えてください」などと質問すると、メンバーは自分の中でぼんやりと感じている思いと向き合うことができ、それを言葉にできます。

●具体化の対話例

メンバー：「最近、仕事のやりがいが感じられなくて…」

上司：「やりがいとはどんな感じですか？」

メンバー：「うーん、そうですね。やりがいっていうのは、もっと熱中できる感覚
というか…集中して仕事をしたいっていう気持ちかもしれません」

上司：「もっと集中して仕事をしたい？」

メンバー：「そうなんです。最近は急な会議が増えていて、手元の作業が中断さ
れてまとまった時間がとれず集中できないんです。もしかしたら、や
りがいがないというよりは、没頭できる時間がとれていないというこ
となのかもしれません」

この例では、仕事そのものに問題があるのではなく、仕事のやり方に問題があっ
たことにメンバーが気づいています。このように、曖昧な言葉に焦点を当てて考え
てもらうと、ぼんやりとした思いがより正確に表現され、メンバー自身も気づいて
いなかった思いや感情を理解できることがあります。

「やりがい」と似た例として満足、幸福、自由などの表現も同様です。

このアプローチは1on1に限らず、様々な場面で有効であり、例えば会議の中で
「我が社の成功」という言葉がでてきた場合には「成功」の状態について話し合っ
ておくと、その後の議論が噛み合うようにもなるでしょう。

第4章　1on1の技術や態度②　質問で対話を促進する

1on1に出てくる抽象的で曖昧な表現例

	ポジティブ	ネガティブ
思い・感情	安心　幸福　期待　穏やか 信頼　満足　希望　感謝	不安　怖い　悲しい　イライラ 嫌い　怒り　後ろめたい やましい　負担　無力　悩み
状況・状態	自由　夢　やりがい　成功 成長　挑戦　クリエイティブ 高品質　価値	孤独　閉塞　挫折　焦り　絶望 拒絶　後悔　問題　ストレス 混乱　危険

数値化で状況を把握する質問

抽象的で曖昧な表現は、一度数値に置き換えることで客観的に把握することができます。ここでは、カウンセリングやコーチングでもよく利用される、数値化の質問「スケーリングクエスチョン」と呼ばれる手法を紹介します。

曖昧な思いや状態は数値化して把握する

● 数値化で状況を把握する

メンバーの曖昧な思いや状態を紐解く手段として、**スケーリングクエスチョン**と呼ばれる質問方法があります。スケーリングクエスチョンとは、「10点満点のうち、今は何点ですか?」といったように、質問によって曖昧な思いや状態を数値化・点数化することで客観的に状況を把握する方法です。

例えば仕事への満足度について話している中で、メンバーから「それなりに満足しています」と言われたらどのように感じるでしょうか?

「それなりに満足」という言葉は人それぞれで捉え方が違うため、上司とメンバーの間で認識にズレが起きてしまう場合があります。このような曖昧な思いや状態に対して「満足度を10点満点で表すなら、今は何点ですか?」と質問することで「6点くらいでしょうか」など、客観的に状況を把握できるのです。

● 数値化された内容を尋ねる

さらに、「満足できている6点の内容について教えてくれますか?」や、「満足できていない4点はどのようなものですか?」と質問すると、さらに詳しく状況を把握できます。

また、「今の満足度を6点から7点にするためにはどうすればよいですか?」と質問することで、今後の方向性も明確になるため、これからの具体的な取り組みについて迷っている状態のメンバーにも有効です。

●スケーリングクエスチョンの対話例

メンバー：「最近、仕事のやりがいが感じられなくて…」

上司：「やりがいに満ちた状態を10点満点で表すなら、今は何点ですか？」
（①）

メンバー：「うーん、4点くらいだと思います」

上司：「4点の中身はどのようなものですか？」（②）

メンバー：「これまで培ってきた技術を活かせる仕事という意味で4点ですね」

上司：「やりがいに必要な残りの6点はどのようなものですか？」（③）

メンバー：「もっと挑戦したり、成長できる仕事がしたいと思っています」

上司：「では、やりがい4点から5点に増やすためには、どのような取り組み
が必要でしょうか？」（④）

メンバー：「今までの作業から一歩踏み出して、少し新しいことにも取り組んでみ
たいと思います」

　この例では、「やりがい」という曖昧な思いに対する現状を数値化することで、
その内容を具体化しており、さらに次の一歩まで考えられるようになりました。
　スケーリングクエスチョンは、コミュニケーションの様々な場面で応用できる便
利な質問方法なので、積極的に使ってみてください。

スケーリングクエスチョン

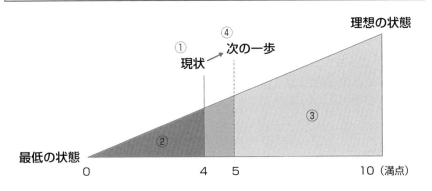

第4章　1on1の技術や態度②　質問で対話を促進する

4-8

捉え方を変える質問

人はだれでも思考のクセがあり、気づかないうちに固定化された思考パターンから抜け出せなくなっています。ここでは、カウンセリングやコーチングでも利用される「リフレーミング」の考え方を基に、捉え方を変えるための質問方法を2つ紹介いたします。

質問によるリフレーミングで物事の捉え方を変えていく

●「認識の枠組み」で物事の捉え方が決まる

ある日、上司から「急な話ですが、来月から海外転勤をお願いしたい」と言われたら、皆さんは何を感じますか？

「これはチャンスだ」と思う人もいれば、「面倒なことになった」と思う人もいるでしょう。全く同じ状況に直面しても、人によって感じ方が違うのは物事の捉え方、すなわち**認識の枠組み**が異なるためです。

認識の枠組みは、その人の育った環境や経験、価値観や文化の違いなどの様々な要因により、長い時間をかけて形作られるもので、人の性格を決める要素の一つにもなっています。

枠組み（フレーム）はその人の物事の捉え方を決めているため、時として考え方の幅を限定し、思いつく選択肢を狭めてしまいます。

●「リフレーミング」で視点を変えて物事を捉え直す

物事の捉え方を決めている枠組みを抜け出し、これまでとは違う視点から物事を捉え直すことを**リフレーミング**といいます。例えば、水が半分入っているコップを見て、「半分しかない」とネガティブに捉えたとしても、見方を変えれば「まだ半分もある」とポジティブに捉えることもできます。このように、「ない」から「ある」に認識を変えるのがリフレーミングのポイントです。

リフレーミングによる質問は、メンバーの持つ認識の枠組みを揺さぶるため、これまで気づかなかった新たな視点や意味が見つかります。これにより、固定化された思考パターンを抜け出したり、行き詰まった状態を突破する手助けができます。

リフレーミングは、モチベーションや自己肯定感の向上にも繋がるため、1on1だけでなく子育てや学校教育の中でも注目されている技術です。

● 言葉のリフレーミングを使った質問

リフレーミングを促す方法はいくつもありますが、**言葉のリフレーミング**と、**「もしも」のリフレーミング**の2つの方法を紹介いたします。まずはネガティブな言葉をポジティブに言い換える言葉のリフレーミングの対話例を見ていきましょう。

> メンバー：「商談が上手く行かないとすぐ落ち込んでしまう自分が嫌なんです」
>
> 　上司：「見方を変えると、それだけ真剣に向き合っているということですか？」
>
> メンバー：「まあ、ポジティブに言えばそうかもしれません」
>
> 　上司：「もしそのように捉えたら、感じ方はどう変わりますか？」
>
> メンバー：「そう捉えたら、不思議と自分の生き方に少し誇らしさを感じますね」

リフレーミングの効果

リフレーミング

捉え方（枠組み）	すぐに落ち込む自分	いつも真剣に向き合う自分
感じ方	そんな自分が嫌い	そんな自分が誇らしい

この例では、言葉のリフレーミングを使って「落ち込む」という言葉を「真剣に向き合う」という言葉にリフレーミングしており、それによってメンバーの自己認識も「嫌い」から「誇らしい」に変わっています。

　言葉のリフレーミングによる質問の方法は、「見方を変えると、○○（リフレームされた言葉）ということですか？」と尋ねることでリフレーミングを促すことができます。ネガティブな言葉の多くは、ポジティブな言葉に言い換えられるので、以下の例を参考に言葉のリフレーミングを意識してみましょう。

リフレーミングできる言葉の例

分類	最初の認識	リフレーミングした認識
状況	締め切りまで一ヶ月しかない	締め切りまで一ヶ月もある
	10人のうち8人が反対だった	10人のうち2人も賛成してくれた
	大きな失敗をしてしまった	次に向けての良い経験ができた
	職場での責任が重い	職場で信頼されている
	アイデアが批判された	貴重な意見を聞けた
	経験がなくやれることが少ない	経験すればどんどん伸びる
内面	神経質	慎重
	頑固	意志が強い
	せっかち	行動的
	大雑把	細かいことを気にしない
	諦めが悪い	粘り強い
	飽きやすい	好奇心旺盛

●「もしも」のリフレーミングを使った質問

　前段の通り、認識の枠組みはその人の育った環境や経験、価値観や文化によって形作られています。そのため、その枠組みを抜け出すことは簡単ではありませんが、「もしも」などの仮定を使い、直面している状況をこれまでとは違った別の枠組みで捉え直すとリフレーミングを促すことができます。ここからは2つ目の質問方法である、「もしも」によるリフレーミングの例を見ていきましょう。

メンバー：「来月の大口案件の商談ですが、正直言って上手くやれる自信があり
　　　　　ません。商談に失敗する自分の姿を思うと不安で夜も眠れないんです」

上司：「自信がなくて不安なのですね。それでは視点を変えて考えてみましょ
　　　うか」

メンバー：「視点を変えるのですか？」

上司：「もしも、その商談が３日後だとしたらどのようなことを思いますか？」
　　　（リフレーミング）

メンバー：「３日後ですか？　うーん、もしそんな状況だったら、もう覚悟を決め
　　　　　るしかないので何も考えず急いで準備をしますね。…ああ、話してい
　　　　　て思ったのですが、自分はまだ覚悟をしていないのかもしれません」

上司：「それではもう一つやってみましょうか。もしも、何もかも上手くいっ
　　　ている絶好調な自分がいるとしたら、今のあなたにどのような声をか
　　　けてくれますか？」（リフレーミング）

メンバー：「今の自分とは別に、絶好調な自分がいるとしたら何と言ってくれるか
　　　　　ですか。ええっと、『もう次のステップに進む時期だから心配するな』
　　　　　といってくれている気がします」

上司：「それを聞いてどのようなことを感じますか？」

メンバー：「どこかで自分をステップアップさせないといけないという思いが以前
　　　　　からあったので、この商談を機会として捉えて、覚悟を決めてみるの
　　　　　も良いように思いました。ああ、なんだかすごく前向きな気持ちになっ
　　　　　た気がします」

　この例では、「もしも」のリフレーミングを使った質問によって、メンバーの認識の枠組みを揺さぶり、いつもの思考パターンを抜け出して前向きな考えを促しています。大切なのは、相手の枠組みを揺さぶり、別の枠組みで直面する状況を捉え直してみることです。
　「もしも」のリフレーミングを使った質問には様々な種類がありますので、次頁の例を参考に、自分なりの「もしも」を考えてみてください。

「もしも」を使ったリフレーミングの質問例

	別の枠組み	質問例
自分	挑戦の視点	もしも、絶好調で完璧な状態の自分だとしたら、この状況をどう捉えますか？
	成長の視点	もしも、新人だったころの自分が今の自分を見たら、どのようなことを言ってくれますか？
他人	純粋な視点	もしも、10歳の男の子だったら、この状況をどのように受け止めますか？
	前向きな視点	もしも、ポジティブで有名な山田部長がいたら、どのような感想を言ってくれそうですか？
架空	破壊の視点	もしも、身長100mの大怪獣だとしたら、この問題をどのように解決しますか？
	創造の視点	もしも、100億円あるとしたら、どのような会社をつくりたいですか？
役割	俯瞰の視点	もしも、あなたが社長の立場だとしたら、どのようにこの問題と向き合いますか？
	客観的な視点	もしも、あなたが外部のコンサルタントだとしたら、この状況をどのように分析しますか？
時間	建設的な視点	もしも、5年後の自分がアドバイスをしてくれるとしたら、何と言ってくれますか？
	覚悟の視点	もしも、この会社を1年後に辞めるとしたら、どのような経験を積んでから辞めますか？

●リフレーミングの活用場面

　リフレーミングはビジネスパーソンが直面する様々な場面で活用できるため、1on1の中でメンバーから以下のような話題がでてきた場合には、積極的に捉え方を変える質問を使ってみましょう。

・前向きでない

　仕事でのミス、挑戦の失敗、人間関係が上手くいっていないなど、ネガティブな気持ちになってしまうことは誰にでもありますが、捉え方を変えるリフレーミングによって、自己肯定感が高まり、前向きでポジティブな気持ちになります。

・自信がない

　自信がなくて次の一歩が踏み出せない、不安で挑戦できないなど、気持ちの後押しが必要な場面でも、リフレーミングを促すことでモチベーションが高まり、自信をもって行動できるようになります。

・行き詰まって抜け出せない

　何が正しいのかがわからず決断ができない、いつも同じような失敗を繰り返してしまう、行き詰まった感じがして先が見えないなど、固定化された思考パターンを抜け出せず、前に進めない場面でもリフレーミングが有効です。メンバーの枠組みを揺さぶり、新たな視点によって固定化された思考パターンを抜け出して、行き詰まった状態の突破口を見つけ出すことができます。

● 継続により柔軟な捉え方ができるようになる

　認識の枠組みはその人の思考のクセのようなものなので、適切なリフレーミングを継続的に行うことにより、少しずつ枠組みが矯正されていきます。そのため、1on1では言葉のリフレーミングによるポジティブな言葉への言い換えや、「もしも」のリフレーミングによる固定化された思考パターンを抜け出すなど、捉え方を変える質問を普段から意識して継続的に行なっていくのがよいでしょう。

　それにより、巨大な船がゆっくりとその進路を変えていくように、着実にメンバーの認識の枠組みが変化し、柔軟な捉え方ができるようになっていきます。

　ただし、リフレーミングによる質問を繰り返し使いすぎると、うんざりされてしまいますので適度に活用してください。

4-9

無意識の思いを引き出す質問

具体的に言い表せない気持ちは、無意識的な感情や思考に起因していることもあるため、いくら頭で考えてもなかなか説明することができません。ここでは、身体感覚や感情そのものに質問をすることで、無意識的な思いを引き出す質問方法を見ていきます。

具体的に言い表せない気持ちは、身体や感情そのものに質問をする

●無意識的な気持ちは具体的に言い表せない

「モヤモヤした感じ」「胸が詰まる感覚」など本人でも具体的に言い表せない気持ちは、多くの人が感じたことがあるのではないでしょうか。このようなやるせない感覚は、無意識的な感情や思考、心の状態に起因していることもあるため、言葉にして説明してもらうのは簡単ではありません。それでは、どのように無意識的な思いを引き出せるのでしょうか？

●身体や感情の声を聴く

代表的な心理療法の一つであるゲシュタルト療法では、無意識的な思いを引き出す方法として、身体感覚や感情そのものに質問をして、その声を聴くというアプローチがあります。

例えば、上司から「あなたの手が話せるとしたら、何と言っていますか？」と質問をすることで「すごく怒っている…と言っているような気がします」のように、メンバー自身も意識していなかった無意識的な思いに気づくことがあります。

このような、身体や感情の声を聴く質問をするためには、「モヤモヤした感じ」などの実感を、しっかりと呼び起こしてもらう必要があります。

そのため、モヤモヤとした気持ちになった場面を思い起こしてもらい、今まさにその身体感覚や感情を実感してもらいながら質問するのがよいでしょう。

● 無意識的な思いを引き出す対話例

メンバー：「なんとなくザワザワした気持ちなのですが、自分でもわからなくて」

　上司：「どんな場面でザワザワするのですか？」

メンバー：「同僚がプレゼンをしている姿を見るとザワザワしてきます」

　上司：「プレゼンの場面をイメージして、今その感覚を感じてみてください」

メンバー：「やってみます…（沈黙）…ザワザワした感じがします」

　上司：「その感覚は体のどのあたりで感じていますか？」

メンバー：「そうですね…なんとなく心臓のあたりだと思います」

　上司：「では、少し目を瞑って、ザワザワとした心臓に意識を向けてください」

メンバー：「意識を向けました」

　上司：「その心臓が話せるとしたら、何と言っていますか？　話せる範囲でよいので教えてください」

メンバー：「…（沈黙）…ズルい…と言っている気がします」

　上司：「何がずるいのでしょうか？」

メンバー：「同僚ばかりが注目されてズルいと言っています……ええっと…もしかしたら同僚が活躍する姿を見て、悔しさや妬ましい気持ちがあるのかもしれません」

　身体感覚や感情に意識を向けるのに慣れていないと、その感覚を思い起こすのに時間がかかる場合があります。何かを思い起こそうとしている沈黙は、メンバー自身が心の内を探っているタイミングなので、話し始めるのをゆっくりと待ちましょう。無意識的な面など深い思いを引き出す場合、相互の信頼関係はもちろんですが、「話せる範囲で大丈夫ですよ」などの心理的な配慮を意識しておくのも大切です。

　このアプローチは「ワクワク」などポジティブな思いにも活用できます。

身体や感情の声を聴くステップ

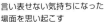
言い表せない気持ちになった場面を思い起こす

その気持ちを呼び起こして身体の反応や感情に意識を向ける

身体や感情が何と言っているかを質問で確かめる

Column ④
質問の力を感じる

質問（問い）はとても力強いものです。情報を得るための質問ではなく、心の奥深くまで探索を促すような質問は、時として考え方や価値観、人の生き方にまで影響を与えます。

力強い質問に向き合い、自分なりの答えを見つける過程は、真っ白なキャンバスに絵を描くアートの感覚に似ています。

無限に広がる表現や色の選択肢から、自分の感性を頼りに絵筆を進め、納得いかなければ何度も描き直しながら表現したかったイメージに近づいていきます。

質問に答える過程も同じです。自分の感覚を頼りに質問の答えを考えては修正し、その瞬間の自分にフィットする答えに近づいていくのです。

質問の力を理解するためには、まずみなさん自身が質問の力を感じることが必要です。

ここでは、シンプルで力強い5つの質問を用意しましたので、ぜひ自分自身に問いかけてみてください。

質問の答えを考える際には、胸に手を当てて目をつむるなど、自分の心の内側に意識を向けながら考えるようにしてみて下さい。きっと何かが見つかるはずです。

わたしの人生のハンドルを握っているのは誰だろう？

わたしがずっと我慢し続けていることは何だろう？

わたしは自分の命をどのように使っているだろう？

わたしが本当にやりたいことは何だろう？

わたしはこれからどの方向に向けて歩き出すのだろう？

いずれもじっくりと時間をかけて向き合うための質問ですので、通常の1on1で扱う場合には、メンバーへの配慮を心がけましょう。

第 5 章

1on1の技術や態度③
感じたことを率直に
伝える

1on1での対話のサイクルは、適切なフィードバックによりさらに深まります。この章では、効果的な1on1のための対話の基礎力である傾聴力・質問力・伝達力・心身を整える力の4つから、相手に対して感じた印象や違和感を率直に伝え、思考を刺激して幅を広げる『伝達力』に焦点を当て、感じたことを素直に伝えて気づきを促すための技術や態度、考え方について解説していきます。

5-1

Iメッセージと You メッセージ

コミュニケーションが上手な人は「I（私）メッセージ」を使っています。自分の気持ちや考えを相手が受け取りやすくなるメッセージです。どんな場面でも、誰にでも使えます。相手に何かを伝えるときはIメッセージを積極的に活用しましょう。

Iメッセージを活用し建設的なコミュニケーションをする

●「I（私）メッセージ」とは

　「I（私）メッセージ」とは、私を主語にして、自分の気持ちや考え、感じたことを伝えるコミュニケーションの方法です。自分の感情や意見を表現する場面や、フィードバックを提供する際に幅広く活用できます。Iメッセージは「私は○○と感じました」「私は○○と考えます」といった表現になります。相手に焦点をあてるのではなく、自分自身に焦点をあてるので、自分の気持ちや考えが明確になってきます。相手を批判や攻撃しないので相手は受け取りやすくなり、建設的なコミュニケーションを促進します。

●「You(あなた)メッセージ」とは

　「You(あなた)メッセージ」とは、あなたを主語にして、自分の気持ちや考え、感じたことを伝える方法です。Youメッセージは「あなたは○○です」といった表現になります。自分に焦点をあてるのではなく、相手に焦点をあてます。たとえば、「あなたは○○をすべきです」「あなたはいつも○○だ」といった表現になります。Youメッセージは上から目線で批判や否定、命令や評価されたといった印象を与えます。その発言が妥当で有益であっても相手（言われた側）は反発したり、ネガティブに受けとってしまいます。Youメッセージが有効な場合もありますが、非建設的なコミュニケーションになりやすく、人間関係がギクシャクすることもあるため慎重に使いましょう。

　自分ではYouメッセージを使っていないいつもりでも、不安や緊張、心身の不調

のとき、ポジションが自分より下の人や親しい関係の人に、ついYouメッセージを使いがちです。自分がYouメッセージを使っていないかをセルフモニタリングし、建設的なコミュニケーションを心がけましょう。

　これまでIメッセージを活用していなかった方は、これからIメッセージのトレーニングをしていきましょう。たとえば「あなたのペースが遅い」を「私はあなたにもう少しペースを上げてもらえると助かります」と言い換えることで、自分の気持ちや考えがより明確になります。

　IメッセージとYouメッセージを理解できると、自分のとらえ方や感情を相手のせいにしていると気がつくことができます。また、相手をコントロールするために自分の考えや感情を押しつけていることにも気がつけるようになります。Iメッセージは相手のせいにせずに伝えることができるので、相手は受けとりやすくなります。

　「北風と太陽」で「I（私）メッセージ」と「You(あなた)メッセージ」をたとえてみます。
　「I（私）メッセージ」が太陽です。ポジティブな印象を与えます。
　「You(あなた)メッセージ」が北風です。ネガティブな印象を与えます。

IメッセージとYouメッセージ

Iメッセージ

Youメッセージ

自分に焦点をあて、自分の気持ちや考えが明確になる	相手に焦点をあて、批判や攻撃的になる
↓	↓
受け取りやすく、協力的になる	心を閉ざし、反発する

第5章　1on1の技術や態度③　感じたことを率直に伝える

みんな違ってみんないい!!

あなたの考えは間違っている!!

○○さんはそうお考えなんですね!
良いですね♪私は別の考えを持っています。

仕事のスピードの攻防

(あなたは)仕事が遅い!!
モタモタするな〜。はやくしろー!!

すみません。ちょっと急いでまして、
急いでくれると私は助かります!!

メンバーのミスの攻防

(あなたは)何度同じミスをすれ
ば気が済むんだ!!

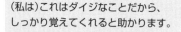

(私は)これはダイジなことだから、
しっかり覚えてくれると助かります。

本番のプレゼン前の攻防

(あなたは)絶対にミスするなよ!!

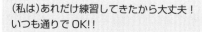

(私は)あれだけ練習してきたから大丈夫!
いつも通りでOK!!

Exercise 1

◉「You(あなた)メッセージ」を「I(私)メッセージ」にしてみましょう。

①(あなたは)いつも遅刻ギリギリですよね。

②(あなたは)おおざっぱな説明で困ります。

③(あなたは)報告してくれませんよね。

④(あなたは)掃除をしませんよね。

⑤(あなたは)いつも黙っていますね。

Exercise 1の回答例

① (私は)時間ギリギリだと不安になってしまいます。

② (私は)もう少し詳しく説明してもらうと助かります。

③ (私は)報告があると安心します。

④ (私は)掃除を手伝ってくれると嬉しいです。

⑤ (私は)何か発言してくれると安心します。

● チェックリスト

□ 職場で「Iメッセージ」と「Youメッセージ」のどちらを使っていますか?

□ お客さまに「Iメッセージ」と「Youメッセージ」のどちらを使っていますか?

□ 家族に「Iメッセージ」と「Youメッセージ」のどちらを使っていますか?

Exercise 2

①「You（あなた）メッセージ」を、どのような状況で、どのような相手に対して使いがちですか？（実際に使ってしまった例を記載）

②「You（あなた）メッセージ」を、「I（私）メッセージ」に変換してみましょう。

③「I（私）メッセージ」を使うために工夫できることはありますか？

④「I（私）メッセージ」を実践してみての気づきや学び、使い方のコツ、相手の様子などを記入してみましょう。

5-2

「DESC法」で問題解決の
メッセージをつくる

伝えたいことはあるけれど、何をどのように言ったら良いのかわからないということは、1on1に限らず日頃のコミュニケーションではよくあることです。ここから、相手にわかりやすくメッセージを伝えるためのフレームワークである「DESC法」をさまざまな例で説明いたします。

DESC法でメッセージを組み立てる

●DESC法とは

DESC法とは、メッセージを構成する重要なパーツをステップごとに組み合わせて相手に伝わるセリフをつくる手法です。問題解決やフィードバックだけでなく、伝えたいことはあるけれど、どのように言ったらいいか迷う、話す内容が複雑で整理する必要がある、自分の気持ちや考えを整理したい場面などにも有効です。

DESC法は、後の章で扱う、アサーション（自他尊重のコミュニケーション）のエッセンスが凝縮されており、問題解決のためのアサーションとも呼ばれています。

●DESC法のステップ

DESCは英語の頭文字をとったものです。**DESC法のステップ**ごとにセリフを考えると伝えたいことが整理されます。DESC法をトレーニングするとアサーションが上達し、問題解決力も高まります。

[Step1] D＝Describe（事実） 事実（客観）を描写する。状況をファクトベースで客観的、具体的に描写するのがポイントです。気持ちや考えなどの主観的な内容は含めません。お互いが事実をすり合わせることで会話のズレを防止でき、会話が噛みあいます。

[Step2] E＝Express（気持ち） 気持ちや考え、主観を表現します。相手の気持ちに共感します。Youメッセージで感情をぶつけるのではなく、Iメッセージで表現します。留意点はD(事実)とE(気持ち)を切り分けることです。DとEが混じってしまうとわかりにくいメッセージになってしまいます。

[Step3] S＝Specify（提案）　具体的な提案をします。D(事実)とE（気持ち）を踏まえたうえで提案をします。要望や解決策、相手にお願いしたい行動などについて、具体的で相手が歩みよれる現実的なものを提案します。相手が受け入れてくれそうな小さな提案もおすすめです。

[Step4] C＝Choose（選択）　S（提案）を受けた相手の肯定的反応、否定的な反応に備えます。相手が同意したときのセリフ、同意しなかったときのための代替案を準備しておきます。

DESC法のポイントはD→E→S→Cと各パーツのセリフをつなげ合わせることです。事実と気持ちをバランス良く伝え、しっかり提案することで相手に理解されやすくなります。事実ばかりだと心理的距離が遠くなります。気持ちばかりだと感情的になり、現実的な話し合いができません。提案をしないと相手は何をすればいいのかわかりません。日常会話ではパーツ単体の発言になりがちで、会話のズレ、意図が伝わらないことなどがあります。重要な場面や内容を整理したい、しっかりと相手に伝えたいときなどは、紙に書いてみることをおすすめします。

DESC法のステップ

[Step1] 事実（客観）を描写する
D＝Describe
描写する。客観的・具体的に事実や状況を共有する。　お互いが事実をすり合わせる。

[Step2] 気持ちや考えを表現する
E＝Express / Explain / Emphathize
気持ちや考え、主観を表現する。共感する。
自分と相手の気持ちや考えを大切にする。
「Iメッセージ」で表現する。

[Step3] 具体的な提案をする
S＝Specify
具体的に提案（要望）をする。
解決策や相手にお願いしたい行動などについて具体的で相手が歩みよることができる現実的なものを提案する。

[Step4] 選択する
C＝Choose
選択する。　代替案を伝える。
相手の肯定的反応、否定的反応に備える。
提案したものが拒否されたときのために、代替案について準備しておく。

第5章　1on1の技術や態度③　感じたことを率直に伝える

127

ＤＥＳＣ法

●こんなときにDESC法を活用しよう！！

▶ 自分の気持ちや考えを整理したいとき

▶ 何を伝えたいのか不明確で曖昧なとき

▶ 相手に何を提案したいのか不明確なとき

▶ 何をどのような順序で伝えればいいかわからないとき

▶ イライラしていて、攻撃的になっているとき

▶ 重要な場面、トラブルになりそうなとき

●DESC法のポイント

▶ D、E、S、Cのパーツごとに紙に書いてみましょう。
  慣れるまでは紙に書き出してみることをオススメします。
  紙に書くことで頭が整理されます。

▶ パーツをつなげてセリフを声に出してみましょう。

▶ D（事実、客観）とE（気持ち、主観）を区別しましょう。

▶ S（提案）は1つに絞りましょう。

▶ 書いて声に出してみてしっくりくるかどうか確認しましょう。なにか違和感が
  あったら修正しましょう。

DESC法でセリフをつくる

● 状況

資料の提出期限が昨日までなのに、Aさんはまだ資料の提出がありません。
AさんにDESC法で考えたセリフを伝えます。

Aさん、お疲れさまです。
資料の件で少しお時間よろしいでしょうか。
資料の提出期限が昨日まででして、
ご提出いただけましたか？

連絡がなかったので心配でした。
お忙しいと思いますが、ご提出いただかないと
業務に支障がでるので困ってしまいます。

今日の17時までに
ご提出いただけませんか？

ありがとうございます。よろしくお願い致します。

＊AさんがNoと言ったときの代替案
もし、難しければ明日の12時までに
ご提出お願い致します。

第5章

1on1の技術や態度③　感じたことを率直に伝える

●状況

　Aさんはミーティングに遅れて参加することが少なくありません。DESC法で
フィードバックをします。

| D 事実 | Aさん、お疲れさまです。
会議は15時からですが、いま15時5分です。前回の会議でも遅れての参加でしたよね。 |

| E 気持ち | Aさんも、いろいろお忙しいかと思います。
Aさんが時間通りに参加してくださらないと、
不安ですし、会議が進められないので、困ってしまいます…。 |

| S 提案 | 時間通りに参加していただけませんか？ |

| C 代替案 | ありがとうございます。よろしくお願い致します。

＊AさんがNoと言ったときの代替案
時間通りに参加できないときは、せめて
連絡がほしいです。時間になったら会議を
はじめさせていただきます。 |

●状況

　部長はAさんに仕事を頼みやすく、何かあると仕事を依頼してきます。Aさんはすでに多くの仕事を抱えていて、今週中に提出しなければならない資料を作成しています。部長から新たな仕事を依頼されました。

あ、新しい仕事ですね。すみません…。
現状、すでに多くの仕事を抱えていて、
今週中に提出しなければならない資料を
作成しています。

資料作成に追われていて、
時間と気持ちに余裕がなく焦っている状況です。

申し訳ございませんが、
他のメンバーにお願いしていただけませんか？

ありがとうございます。よろしくお願い致します。

＊部長がNoと言ったときの代替案
作成中の資料の提出期限を延ばして
いただけませんか？

Exercise 1

　あなたは今夜、プライベートで大切な予定があります。この日を待ちに待っていました。スケジュールの調整ややるべき仕事をすべて終えて退社しようとしたときに部長から声をかけられました。

　部長　「Aさん、ちょっといいですか。帰り際で申し訳ないのですが、明日のミーティングで使う資料の件、Aさんが作成する資料は素晴らしいので、資料作成のお願いできませんか？」と依頼されました。

D 事実

E 気持ち

S 提案

C 代替案

Exercise 1の回答例

D 事実

あ…ありがとうございます。
明日、使う資料の件ですね。
すみません。申し訳ないのですが、これから予定がありまして。

E 気持ち

残業して資料作成したいのですが、
あまり時間に余裕がなく焦っていますが…。

S 提案

1時間でしたら残業して資料を作成することはできますが、いかがでしょうか？

C 代替案

ありがとうございます。早速取りかかります。

＊部長がNoと言ったときの代替案
資料が完成できませんでしたら、明日のミーティング前に資料を完成させますのでいかがでしょうか？

Exercise2

リアルケースでDESC法を実践してみましょう。

●状況について

D
事実

E
気持ち

S
提案

C
代替案

Exercise3

DESC法はどんなとき、誰に対して活用や実践できそうですか。

DESC法を実践してみての気づきや学び、使い方のコツ、相手の様子などを記入してみましょう。

第5章 1on1の技術や態度③ 感じたことを率直に伝える

5-3

対立を共感に変える「Yes, And（イエス・アンド）」

1on1ではメンバーと対立せず、同じ方向を向き、寄り添うようなコミュニケーションが求められます。ここでは、どのような意見やアイデアも批判せずに、対立を共感に変えて建設的に対話を進めるために役立つコミュニケーションの型「Yes, And」を紹介していきます。

Yesで相手を受け入れて、Andで建設的に話を進めていく

●Yes,Andは安心感につながる

1on1ではメンバーを尊重し、受け入れながら共に前進していくことが大切です。そのため、メンバーが話す考えや思いに対して否定したり評価したりせずに受け止めるのが基本となります。しかし、実際のところ全ての内容に対して「いいですね（Yes）」とは答えられません。

例えばメンバーのAさんから「Bさんの立てた企画は具体性がないし、上手くいかないと思うので参加したくありません」と言われたら、上司として、「駄目だよ、それは困る（No）」と答えてしまいたくなります。あるいは「気持ちはわかるよ、でもそれじゃあ仕事にならないでしょ（Yes, But）」となりがちです。

しかし、そのように対応をすると、メンバーは自分を否定されたと感じて上司との信頼関係にも影を落としてしまいます。

そのような場面で有効なコミュニケーションの型が「いいですね、さらにこれはどうですか？（Yes, And）」です。「Yes, And」で対応すると、相手は自分の意見を受け入れてもらえたという気持ちになり、そこから妥協点や別の案を探っていくことができます。

先程の例で言えば、上司は「具体性まで考えてくれているのですね、それならAさんのイメージしている案を企画に加えていきませんか？」といった対応が考えられます。「Yes, And」を活用することで、メンバーの心理的安全性も高まり、モチベーションが向上し、チャレンジしようという前向きな気持ちを促進します。

Yes, Andによる心境の変化

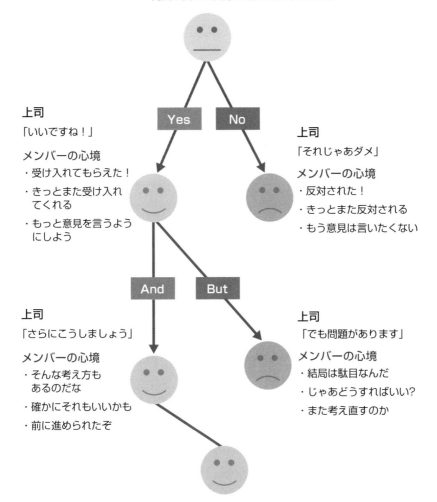

メンバー「私はこんな意見があります」

メンバーの心境

・勇気を出して自分の意見を伝えてみよう

Yes

No

上司

「いいですね！」

メンバーの心境

・受け入れてもらえた！

・きっとまた受け入れてくれる

・もっと意見を言うようにしよう

上司

「それじゃあダメ」

メンバーの心境

・反対された！

・きっとまた反対される

・もう意見は言いたくない

And

But

上司

「さらにこうしましょう」

メンバーの心境

・そんな考え方もあるのだな

・確かにそれもいいかも

・前に進められたぞ

上司

「でも問題があります」

メンバーの心境

・結局は駄目なんだ

・じゃあどうすればいい?

・また考え直すのか

メンバー「ありがとうございます」

メンバーの心境

・安心して話せる

・やる気がでてきた

・もっとやってみよう

第5章 1on1の技術や態度③ 感じたことを率直に伝える

5-4

ネガティブフィードバックで
メンバーの成長にコミットする

ネガティブフィードバックをして「メンバーのモチベーションが低下したら」「メンバーとの人間関係が悪化してしまったら」と思うと、これをそのまま放置すべきか、それともフィードバックすべきか葛藤することがあります。重要なのはメンバーと真摯に向き合い、成長にコミットし、フィードバックを通じて建設的な行動を増やし、非建設的な行動を減らすことです。

メンバーと真摯に向き合い率直に伝える

●ネガティブフィードバックをマインドセットする

フィードバックには、ポジティブフィードバックとネガティブフィードバックがあります。ポジティブフィードバックは、相手も受けとりやすく、喜んでくれるので伝えやすいです。ネガティブフィードバック（相手にとって耳の痛い指摘）は相手から反感を買ったり、人間関係が悪化することもあるので、伝えにくいものです。ネガティブフィードバックが苦手な人は、ネガティブフィードバックがメンバーの成長を支援するものであると**マインドセット**することが大切です。成長のためにネガティブフィードバックも求めているメンバーもいます。フィードバックは、メンバーを尊重して丁寧に伝えることが重要です。

●ネガティブフィードバックの5つのステップ

- ・ 一方的にフィードバックをするのではなく、相手に許可をとりましょう。
- ・ 事実を共有します。具体的な事実を共有することで、認識のズレがなくなります。
- ・ Iメッセージでフィードバックします。「私は○○に感じた」というように伝えます。Youメッセージで「あなたは○○だ」と一方的に伝えると批判や否定されたと感じ反発される可能性があります。
- ・ メンバーの意見を聞き、それを受け止め、共感します。
- ・ 今後の行動についてすり合わせします。具体的にどのような行動するかをメンバーに考えてもらいます。このときに必要に応じて自分の意見も伝えましょう。行動のすり合わせができたらメンバーへの期待を伝えましょう。

● フィードバック後の行動を気にかけて承認する

　フィードバックをした後は、言いっぱなしにせずに、メンバーを気にかけましょう。行動に変化が見られたら、すぐにその行動を承認することで、建設的な行動が増えていきます。

ネガティブフィードバックの5つのステップ

STEP 1 ▶ メンバーに許可をとる

STEP 2 ▶ 具体的な事実を共有する

STEP 3 ▶ Iメッセージでフィードバックする

STEP 4 ▶ メンバーの意見を聞く

STEP 5 ▶ 今後の行動をすりあわせる

● ネガティブフィードバックはリハーサルが重要

　ネガティブフィードバックするときは、事前に**リハーサル**することが重要です。具体的なフィードバック内容を紙に書いて整理し、相手が目の前にいるかのようにイメージしながら伝えてみましょう。

Column 5

フィードバックの5つのポイント

フィードバックには5つのポイントがあります。他者へのコンパッション（思いやりや優しさ）、コントロールできる特定の行動、モラルがあること、タイミング、わかりやすさです。

1 他者へのコンパッション

相手に思いやりや優しさをもってフィードバックすることが重要です。信頼してもらえれば耳を傾けてくれます。相手を見下したり、軽蔑したりする態度であれば反発し話を聞いてくれません。批判的な態度で伝えると、相手は防衛的になりフィードバックが歪められて受け取られます。相手にコンパッションを向けてフィードバックしましょう。

2 コントロールできる特定の行動

相手がコントロールできる、自分で変えられる特定の行動に対してフィードバックをします。コントロールできないこと、変化が困難なことに対するフィードバックは控えましょう。人格や身体的な特徴などについてのフィードバックはNGです。ハラスメントにあたるリスクがあります。特定の行動であれば、フィードバックを受けた側もコントロールしやすく、周囲からも変化を測定しやすいです。

3 モラルがあること

目標達成に望ましい行動や建設的な行動に対しては、承認や支持、ポジティブフィードバックをして建設的な行動を強化していきます。建設的な行動を妨げるフィードバックは控えましょう。悪い結果をもたらすような行動、非建設的な行動については、承認や支持をすることは控えましょう。非建設的な行動が減るようにネガティブフィードバックをしていきます。

4 タイミング

フィードバックするタイミングも重要です。適切なタイミングが効果を高めます。できるだけ早いタイミングでフィードバックしましょう。時間が経つほど、詳細を思い出せないからです。事実を確認せずにフィードバックをすると間違えることがあるので、事実を確認できらスピーディーにフィードバックをしましょう。

5 わかりやすさ

フィードバックするときに、観察された「事実」「行動」「結果」の要素が入っていると相手はどんな行動がどのような結果をもたらすのかを理解しやすいです。フィードバックする側の感情も伝えることも有効です。

第6章

1on1の技術や態度④
自分自身の心身を整える

1on1の効果を適切に引き出すためには、相手だけでなく自分自身の心身を常に整えておくことが求められます。この章では、効果的な1on1のための対話の基礎力である傾聴力・質問力・伝達力・心身を整える力の4つから、自分自身をいたわり、気持ちを穏やかにするための『心身を整える力』に焦点を当て、心身のコンディションを安定させるための技術や態度、考え方について解説していきます。

6-1

ストレスマネジメントで「ココロ」と「カラダ」を整える

現代はストレスフルな社会です。ストレスでメンタルが不安定な状態では、パフォーマンスが低下し、日常生活にも支障がでます。1on1はメンバーのストレスコーピングになり、メンタルが安定しパフォーマンスを高めます。ストレスマネジメントのスキルを身につけて、ストレスに上手に対処し、心穏やかな状態で1on1をしていきましょう。

ストレスを理解して対処する

●ストレスマネジメントとは？

ストレスマネジメントとは、ストレスに対処し、上手につき合あっていくための考え方やスキルのことです。VUCAの時代やコロナ禍において、仕事だけでなく、プライベートでもストレスを感じる割合が増えています。ストレスを感じたときに適切に**ストレスコーピング（対処）**、セルフケアすることがストレスマネジメントです。

●ストレスを感じる労働者の割合

2020年の厚生労働省による「労働安全衛生調査（実態調査）」によれば、現在の仕事や職業生活に関することで強い不安、悩み、ストレスとなっていると感じている労働者の割合は54.2％。労働者の2人に1人は強い不安、ストレス等を抱えながら仕事をしています。

この割合を年代別に見てみると、53.1％（20歳代）、55.6％（30歳代）、57.2％（40歳代）、58.3％（50歳代）、34.4％（60歳以上）と推移しています。どの世代もストレスが高い状況です。ストレスの内容については「仕事の質・量」が56.7％、「仕事の失敗、責任の発生等」が35.0％、「対人関係（セクハラ・パワハラを含む）が22.0％でした。

　ストレスを放置して蓄積すると、または大きなストレスがかかる状態が続くと、身体や心にさまざまな反応が現れることがあります。ストレスに対して適切なコーピングが重要です。

● 1on1がコーピングにもストレッサー（ストレスの原因）にもなる

　1on1でメンバーに寄り添い、思いやりをもって傾聴することで、メンバーは安心し、ホッとします。1on1がストレスコーピングになりストレスを軽減します。反対に傲慢かつアグレッシブな態度で1on1をすると、ストレスフルな1on1になり、ストレスになります。このような1on1をするとメンバーは1on1が嫌いになり、避けるようになっていきます。

仕事や職業生活に関する強い不安、悩み、ストレスを感じる労働者の割合

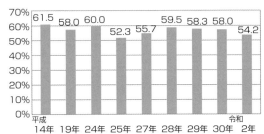

出典: 厚生労働省「令和2年労働安全衛生調査(実態調査)」

仕事や職業生活に関する強い不安、悩み、ストレスを感じる」とした労働者のうち、その内容（令和2年）

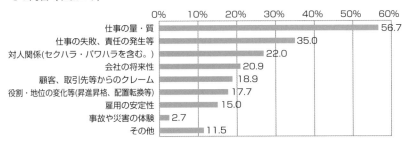

(資料出所) 厚生労働省 「令和2年労働安全衛生調査(実態調査)」をもとに作成
(注) 1. 常用労働者10人以上を雇用する民営事業所で雇用されている常用労働者及び
　　　　受け入れた鉄道労働者を対象
　　 2. 主なもの3つ以内の複数回答

出典: 厚生労働省「令和2年労働安全衛生調査 (実態調査)」

ストレスとは？

「仕事が忙しくてストレスが溜まる」「人間関係がストレス…」など、ストレスという言葉は日常生活の中で気軽に使われています。ストレスという言葉は、もともと物理学の分野で使われていた用語です。物体の外側からの圧力によって歪みが生じた状態をいいます。心理学ではストレスを**ストレッサー（ストレスの原因）**と**ストレス反応**の2つにわけています。ストレッサーとストレス反応に気づきを向けることをセルフモニタリング（マインドフルネス）、対処することをコーピングといいます。

●ストレッサーとは？

ストレッサーとはストレスの原因、刺激や変化のことです。たとえば、高圧的な上司や仕事を押しつけてくる同僚、反抗的な若手といった人間関係。膨大な仕事量、仕事の責任、顧客からのクレーム、トラブルの発生。満員電車、交通渋滞。就職や昇進などのポジティブな出来事も環境変化やプレッシャーなどによってストレッサーになることもあります。

●ストレス反応とは？

ストレス反応とは、ストレッサーに対する自分の反応のことです。ストレス反応は心（心理）と体（身体）、行動の3つに分けられます。心（心理）の反応は、イライラ、ムカムカする、モヤモヤする、不安になる、気分が落ち込むなどです。体（身体）の反応は、動悸、胃痛、頭痛、目の疲れ、食欲低下、下痢、不眠などさまざまな症状があります。行動の反応は暴飲暴食、喫煙、遅刻や欠勤、ケアレスミスの増加などです。

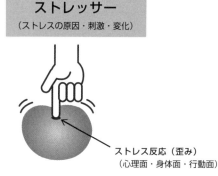

ストレッサー
（ストレスの原因・刺激・変化）

ストレス反応（歪み）
（心理面・身体面・行動面）

セルフモニタリングとは？

　自分のストレス（ストレッサーとストレス反応）に気づきを向けることです。いま、ここで自分に起きていることをリアルタイムで観察します。さまざまなストレッサーやストレス反応に対して、ジャッジ（評価、判断、好き嫌い）せず、ただ、あるがままに受け止めるスキルです。

　たとえば、満員電車で押されたり、ぶつかったりしたときに、「いま、押されて嫌だなぁ〜」「圧迫されて少し息苦しいなぁ〜」と、ありのままに受け止めていきます。セルフモニタリングができるようになると、**メタ認知**（自分自身を客観的にとらえる能力）が向上します。セルフモニタリング自体がストレス対処にもなり、非常に重要です。

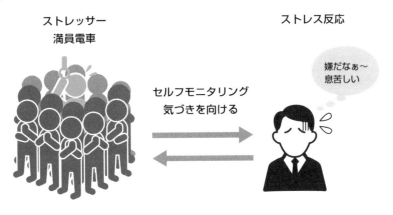

ストレッサー
満員電車

ストレス反応

嫌だなぁ〜
息苦しい

セルフモニタリング
気づきを向ける

コーピングとは？

　ストレス（ストレッサーやストレス反応）に対して、自分を助けたり、守ったり、楽にしたり、意図的に対処や工夫をすることをいいます。コーピングは英語で「**対処する**」という意味があります。たとえば、満員電車の場合は、混雑していない車両に移動する、好きな音楽を聴く、オーディオブックで勉強する、自分だけではなくみんな朝から大変だなぁ〜と思ってみるなどです。

上司がイライラしている状態で1on1すると、メンバーは緊張してしまい安心して話せません。メンバ　にとって1on1がストレスになってしまいます。上司が穏やかな状態で1on1すると、メンバーは安心して話せます。話すことで気持ちがスッキリし、考えが整理できるのでメンバーにとって1on1がコーピングになります。上司はコーピングをして心を整えることが大切です。

コーピングの種類

コーピングには、大きくわけて「**問題焦点型**」と「**情動焦点型**」の2種類があります。

・問題焦点型のコーピング

ストレス反応を引き起こす、ストレッサーに働きかけ解決を図るものです。たとえば、担当する仕事量が多い場合は、仕事量を調整したり、担当業務から外してもらうように働きかけたりすることです。人間関係で苦しんでいるときは、相手の人に働きかけたり、自分が別の部署への異動を希望したり、転職したりすることなどです。

・情動焦点型のコーピング

ストレッサーではなく、モヤモヤ、イライラ、不安、苦しみ、怒り、悲しみ、不満などのストレス感情を緩和するものです。問題解決が難しい場合にするコーピングです。たとえば、運動して気持ちをリフレッシュ、湯船に浸かってリラックス、おいしいものを食べてハッピー、友人に愚痴を聞いてもらうなどです。気持ちを整理することができるコーピングです。

● コーピングをバランスよく取り入れる

問題焦点型は、ストレスの原因を解決できたら効果的ですが、そもそも解決できない、自分ではコントロールできない問題もあります。解決できない、コントロールできないものに時間と労力をかけても新しいストレスが発生する可能性があります。したがって「解決できそうか、できなそうか」「コントロールできそうか、できなそうか」を見極めることも重要です。情動焦点型ばかりだと、ストレッサーが継続する場合は対処に限界があることがあります。問題焦点型と情動焦点型の2つのコーピングをバランスよく取り入れていきましょう。

●「考え」と「行動」のコーピング

問題焦点型と情動焦点型の分類以外にも、認知的コーピングと行動的コーピングに分類する考え方があります。

認知的コーピングは、頭の中で考えたり、イメージしたりするコーピングです。頭の中で考えることですので、いつでも、どこでも実践できますし、お金はかかりません。たとえば、自分を思いやる、楽しいことを想像する、ホッとする安心安全な場所をイメージする、推しアイドルを思い浮かべたりするなどです。

行動的コーピングは、具体的に行動するコーピングです。たとえば、寝る（横になる）、おいしいものを食べる、好きな場所に行く、友人と話す、好きな動画をみる、マジックアワーを眺める、体を動かす、お風呂に入る、部屋の掃除をするなどです。

突然、仕事を依頼されたときのコーピング

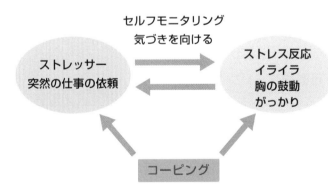

セルフモニタリング
気づきを向ける

ストレッサー
突然の仕事の依頼

ストレス反応
イライラ
胸の鼓動
がっかり

コーピング

・問題焦点型のコーピング

  業務量を調整する。他の人に依頼する。断る。可能な分を引き受ける。

・情動焦点型のコーピング

  好きな音楽を聞く。温泉でリフレッシュ。友人に愚痴を聞いてもらう。

・認知的コーピング

  これも人助けだと考える。やむなし、ま、いっかと思う。

  仕事を依頼してきた人も大変なんだろうなぁ～、と考える。

  自分をがんばっている、本当にがんばっていると認める。

・行動的コーピング

  深呼吸する。伸びをする。好きなドリンクを飲む。

  トイレに行く。ガムを噛む。好きなお菓子を食べる。

認知的コーピングと行動的コーピング

認知的コーピング

行動的コーピング

コーピングのデータベースをつくる

● コーピングは質より量

　コーピングの数を増やしていきしょう。ちょっとしたコーピングでOKです。たとえば、ストレッチをする、やむなしと呟く、かわいいネコやイヌの動画をみるなども立派なコーピングです。目指せ100個。コーピングの数が増えると、ストレスに応じてコーピングが選べます。コーピングの効果が低くても、どんどん次のコーピングを試していけます。コーピングの量が多ければ、それを眺めて安心できればそれもコーピングになります。

　コーピングを増やすコツは分解していくことです。たとえば「コーヒーを飲む」だと1つのコーピングですが、お気に入りのマグカップを使う、好きなコーヒーを選ぶ、香りを楽しむ、味を楽しむ、味をイメージする、温度を楽しむなどなど。分解するとコーピングか増えていきます。

● コーピングはコスパとタイパが重要

　コーピングは**コストパフォーマンス**や**タイムパフォーマンス**に優れたコーピングが重要です。たとえば、温泉旅行はコーピングの効果が非常に高いですが、お金と時間がかかります。温泉旅行のかわりに近所の銭湯や入浴剤などのコーピングは手軽にできます。いつでも、どこでも、手軽に実践できるコーピング。低コストで、すぐ実践でき、効果の高いコーピングをみつけていきましょう。

● コーピングをゲーム感覚で楽しむ

　コーピングは楽しいものです。コーピングがたくさんあっても実践しなければ宝の持ち腐れです。どんどんコーピングを試していきましょう。慣れてくるとゲーム感覚になってきます。このストレスに対処するために、このコーピングを試そうと考えると少し楽しくなってきます。たとえば雨がストレスでも、新しく買った傘、お気に入りのレインコートを使う喜びもあります。コーピングを考えることがコーピングにもなります。コーピングが効果があるとさらに楽しくなってきます。実践していくうちにコーピングのコツが掴めてきます。コツが掴めてくるとコーピングのスキルが高まります。

● コーピングを検証する

コーピングの効果を検証することが重要です。たとえばコーピングの効果に点数をつけてみましょう。10点満点で点数をつけてみることをオススメします。点数をつけ、このストレス対して、どのコーピングが効果が高いのか、低いのかを検証していきましょう。

点数が低いコーピングが役に立たないというわけでもありません。あるストレスに対して効果が低いコーピングが、別のストレスに対しては効果が高いかもしれません。試行錯誤しながらストレスとコーピングの組み合わせをみつけていきましょう。この章のエクササイズにコーピングログシート（P154）を用意しております。このシートを活用してみてください。

思考の柔軟性を高めよう

● 認知（物事のとらえ方）のクセについて

人にはそれぞれ認知のクセがあります。認知のクセは十人十色です。極端な認知のクセをもつ人は、それに応じてストレスを感じやすくなります。極端な認知のクセによって気分や行動、身体が極端に反応することがあります。ネガティブな気持ちになったとき、下記のうち、自分がどのような認知のクセにあてはまるかチェックしてみましょう。バランスの良い考え方ができるヒントが得られます。

「こう考えてみよう！」の項目を参考にして、認知の柔軟性を高めることで、相手の話を素直に聞くことができ、より効果的な1on1ができるようになります。他にもストレスの軽減、思考が建設的になる、コミュニケーション力が高まるなどのポジティブな効果があります。

● べき思考

何事にも「〜すべき」とか「〜すべきでない」と考え柔軟に対応できない

・どんなに大変でも完璧に仕事をすべきだ

・約束したら、絶対に守るべきだ

・○○を言うべきではない

こう考えてみよう！

世代や年齢が変われば考え方もとらえ方も変化する

時代によって常識や価値観も変化する

尊敬するあの人だったらどのように考えるだろうか

● 全か無か思考

曖昧な状況に耐えられず、物事を「**白か黒**」か、「**全か無**」か、「**0か100か**」かの**両極端**で考える

・1回でもミスしたら、全て終わりだ

・アンケートで9割評価されていても、1割評価が低かったら全てダメだと考えてしまう

こう考えてみよう！

できていること、できていないことを書き出す

9割の人が評価してくれた

● 自分への関連づけ

何か悪いことやよくないことが起きると、自分の責任にしてしまう

・この事故が起こったのは自分のせいだ

・失敗したのは自分のせいだ

こう考えてみよう！

自分以外の要因を分析する

事実や原因を書き出してみる

● 破局視

さまざまな可能性を検討せず、否定的、悲観的な予測をする

・事故を起こしたのだから、クビになるだろう

・○○は、私から離れていくだろう

こう考えてみよう！

エビデンス（根拠）を書き出してみる

現実的に失敗する要因を検討し、具体的な対処策を検討する。

●感情による決めつけ

客観的事実ではなく自分の気分や感情で物事を判断してしまう

・不安なんだから、本番もうまくいくはずがない

・あの人と話すとイライラするから、私のことを嫌いなんだ

こう考えてみよう！

感情以外の根拠を確認する

客観的な事実を確認する

●拡大解釈と過小評価

否定的な面を拡大してとらえ、肯定的な部分を縮小してとらえる（逆もあり）

・成功しても自分の力ではなく、運が良かっただけ

・自分はダメな部分しかなく、良いところがない

こう考えてみよう！

ちょっとした成功や良い部分を認める

自分に寛容になる

バランスよく考えよう！！

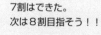

1回でも、
1問でも間違えれば、
失敗したと同じだ…

7割はできた。
次は8割目指そう！！

Exercise 1

●ストレッサーとストレス反応を書いてみよう！！

自分のストレスに気づくことがストレスマネジメントの第一歩です。大きなストレッサーだけでなく、小さいストレッサーも記入しましょう。小さなストレッサーに気づくことが重要です。ストレッサーに対するストレス反応を書きましょう。

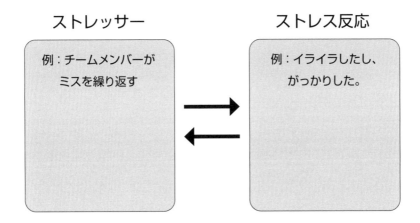

●コーピングリストをつくろう！！

ポイントは「質より量」です。ちょっとしたコーピングを書き出してみましょう。目指せ100個！！

例：深呼吸をする

Exercise2

● コーピングログシート（ログ）をつけよう！！

いつ	ストレッサー	ストレス反応
○○年 ○月○日	同僚に報告書を批判された	イライラ、動悸、緊張

コーピング	振り返り	点数
ジョギングする	ほどよく汗をかいて スッキリした	7点

6-2
アンガーマネジメントで怒りを上手にコントロールする

ストレスがたまり、イライラや怒りをストレートに表現してしまうと、人間関係が悪化して関係の質や心理的安全性が低下してしまいます。建設的な1on1をするために、アンガーマネジメントで怒りを上手にコントロールしていきましょう。

怒りをコントロールするスキルを高める

● アンガーマネジメントとは？

　アンガーマネジメントとは、**怒りを上手にコントロールする方法**です。予定通りに進まずイライラ、相手の態度にムカムカ、疲れが溜まって怒りやすくなることはありませんか。イライラしているとアグレッシブ（攻撃的）な表現になりやすく、怒鳴ったり、物を叩いたり、過度な批判などは、ハラスメントと受け取られる可能性もあります。

● 不機嫌な職場は心理的安全性が低下する

　イライラや不機嫌は伝染します。職場でイライラしている人、不機嫌な人がいると、周りの人までイライラしてきます。感情的になって怒りだす人がいると職場の雰囲気がギスギスし、緊張感でコミュニケーションがとりにくくなります。余計なことを言ったら怒られると思うと、自分を守るために率直な意見を言わないようになり心理的安全性も低下します。ストレスも大きくなり、メンタル不調になる場合もあります。また離職率も高くなるでしょう。

● イライラした状態での1on1はNG

　自分がイライラしている状態で1on1を実施すると、そのイライラがメンバーに伝わってしまいます。メンバーは安心して話ができません。1on1で本音を話してくださいと伝えて、メンバーの本音を聞いてイライラを表現してしまったら、本音を話さなくなるでしょう。

　イラっとすることを表現しないように心がけていても、メンバーは敏感に感じ

取っています。「自分は怒りやイライラをコントロールしているから問題ない」と思っている方こそ、アンガーマネジメントが必要かも知れません。

　自分の怒りの背景に気づけると、自己理解が深まり怒りに対処しやすくなります。自分の怒りに対処できるようになると、相手からの怒りに対しても対処できるようになります。

怒りとは？

　怒りは身を守るための防衛反応です。危険や脅威から自分の身を守るための感情です。自分を脅かす状況ややりたいことを邪魔されたときの反応として生じる感情であり、あるいは身体感覚として怒りを感じます。危険を感じると怒りは自然と沸き起こります。脳が危険を感じたときに自分を守ろうとします。

　怒りは**二次感情**といわれています。この二次感情の下には**一次感情**があります。この一次感情を抱えきれず溢れだすと怒りになります。怒りをストレートに表現すると、人間関係が悪化します。イライラしたときはその下にある一次感情に意識を向けてみましょう。二次感情の怒りを表現するかわりに一次感情を伝えてみましょう。

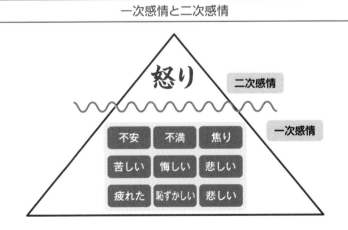

一次感情と二次感情

怒り
二次感情
一次感情
不安　不満　焦り
苦しい　悔しい　悲しい
疲れた　恥ずかしい　悲しい

第6章　1on1の技術や態度④　自分自身の心身を整える

イライラしたときの伝え方のポイント

・自分の怒りやイライラに気づく

・深呼吸する

・一次感情に注意を向ける

・深呼吸する

・落ちついて一次感情を伝える

　イライラしたとき、そのイライラや怒りを相手にぶつけると相手を傷つける可能性があります。ぶつけられた相手もヒートアップして怒りをぶつけてくることもあります。お互いが怒りをぶつけ合い、傷つけあうかもしれません。その場では怒りを表現しなくても、陰口を言うかもしれません。人間関係が不安定になります。周囲の人は巻き込まれたくないし、関わりたくないので人間関係に心理的な距離ができます。イライラしたときこそ、落ち着いて伝えることが重要です。

●同じミスを繰り返すメンバーに対して

2次感情(怒り)の表現

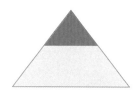

同じミスを繰り返してますよ！

1次感情の表現

同じミスを繰り返しているので、新しい仕事を任せるのが不安です。

イライラチェックリスト

　体調が不安定、睡眠不足、食事がとれていない、ストレスが溜まっている、緊張しているときなどは、イライラしやすくなります。このような状態のときに、ムカッとするきっかけがあると、怒りやすくなります。

　日頃から体調管理や怒りの対処などをして、穏やかな気持ちで1on1やコミュニケーションをしていきましょう。

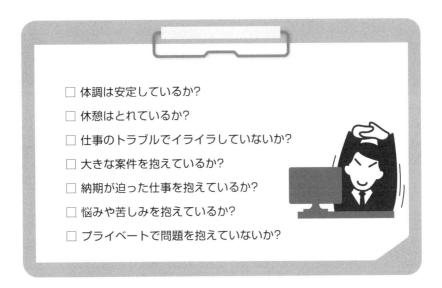

□ 体調は安定しているか?
□ 休憩はとれているか?
□ 仕事のトラブルでイライラしていないか?
□ 大きな案件を抱えているか?
□ 納期が迫った仕事を抱えているか?
□ 悩みや苦しみを抱えているか?
□ プライベートで問題を抱えていないか?

第6章
1on1の技術や態度④　自分自身の心身を整える

アンガーコーピング（怒りへの対処法）

イライラしたときに、怒りへのコーピング（対処）ができると怒りに振り回されたり、ハイジャックされず、建設的な行動がとれるようになります。1on1の前にイライラしているときは、アンガーコーピングを試してみましょう。

・タイムアウト

その場を離れることができるのであれば、「すみません、ちょっとトイレ」と声をかけて、その場から離れましょう。その場を離れることで、気持ちがリセットできます。

・自分の心にヨシヨシする

親が赤ちゃんを抱っこしてヨシヨシするイメージで、自分自身に優しく語りかけます。「こんなことされたら、そりゃイライラするよ。誰だってイライラするよ。だからイライラするのしょうがないよ。もう、本当に嫌になっちゃうね。○○は悪くないよ。私は○○の味方だからね」というように、心にヨシヨシしてみましょう。

・スージング・タッチ

自分が安心して気持ちが落ち着くように身体をタッチしたり、さすったりしてみましょう。優しく胸をなでる、お腹をさする、優しく腕をなでる、カラダをトントンする、片方の手でもう片方の手をやさしく包み込む、自分をハグするなど。心が穏やかになる方法をみつけましょう。

・実況中継する

自分の内側で起きていることを実況中継します。「おっと、一方的に批判されて、○○がイライラしてきた。心臓の鼓動が早くなってきた。怒りのボルテージが上がってきた。このままでは、怒りが爆発しそうだ。さあ、どうするか」というように、実況中継してみましょう。

・ネタに昇華する

これは高度なスキルになりますが、イライラ場面をエピソードとしてメモしておきます。それをネタとしてコミュニケーションや仕事などで活用します。とくに仕

事に活用できるようになると、イライラする出来事を客観的に考察するのでイライラしなくなりますし、ネタになるのでその出来事がありがたくなります。

・コーピングツイート

　イライラしたり、ムカッとしたときに、心が穏やかになる言葉、スルーできる言葉、笑いに変える言葉などを心で呟いたり、口にだしてみます。おすすめのコーピングツイートは「やむなし！！」「ま、いっか！！」です。この言葉を口にだしてみると、心が穏やかになりますし、スルーできますし、クスッと笑えるマジックワードです。

・怒りをスケーリングする

　「ものさし」を使って、今の自分自身の怒りの状態をチェックします。「いま、自分がどれだけ怒っているのか」を数字をつけてみます。

　怒りがMAXの状態は10点で、まったく怒りを感じていない状態が0点だとして、いまどのくらいの怒りなのかを数字をつけてみましょう。

　スケーリングすることで、怒りと距離ができ、客観的に自分自身を把握できるようになります。点数によってどのようコーピング（対処）するかを考えてみましょう。

怒りのスケーリング

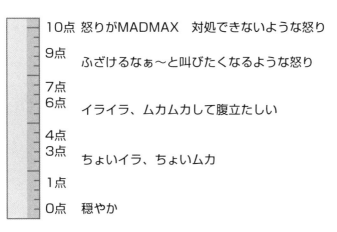

- 10点　怒りがMADMAX　対処できないような怒り
- 9点
- 　　ふざけるなぁ～と叫びたくなるような怒り
- 7点
- 6点　イライラ、ムカムカして腹立たしい
- 4点
- 3点　ちょいイラ、ちょいムカ
- 1点
- 0点　穏やか

Exercise 1

アンガーコーピングのオリジナルのデータベースを作成しましょう。

どのような怒りに、どのアンガーコーピングが効果があるかを試して振り返ってみましょう。

怒りの振り返り…1

●怒りのエピソード

●アンガーコーピング

怒りの振り返り…2

●怒りのエピソード

●アンガーコーピング

怒りの振り返り…3

●怒りのエピソード

●アンガーコーピング

Exercise 2

イライラや怒りを引き起こしやすい状況と自分の反応パターンを振り返り、攻撃的な言動の代わりに建設的な言動を増やしていきましょう。

●状況/トリガー

●思考

●感情

●怒っている状態の言動（表現や行動）

●建設的な言動

セルフ・コンパッションを高める

セルフ・コンパッションが注目されています。セルフ・コンパッションが高まると、仕事のパフォーマンスの向上やメンタルヘルスの改善、人間関係が良好になるなど、さまざまな効果があります。1on1においては、メンバーが安心安全を感じることで、目標達成に向けて主体的に取り組めるようになります。

自分と他者に思いやりを向ける

●セルフ・コンパッションとは？

　セルフ・コンパッションは2003年、アメリカの心理学者、クリスティーン・ネフ博士が発表して以降ブレイクし、世界中に広まりました。セルフ・コンパッションとは、「自分をあるがままに受け容れ、自分を思いやり、他者との共通性を認識する」という考え方です。シンプルに言うと「自分への思いやり」です。

　コンパッションは、ギリシア語が由来で「ともに」を意味する「com」と「苦しむ」を意味する「pati」が語源になっています。この2つをあわせ「compassion」は、「ともに苦しむ」という意味になります。ダライ・ラマ14世は、コンパッションについて自分や他者の苦しみに気づき、それを積極的に和らげ、苦しみを取り除こうとすることと定義しています。

●セルフ・コンパッションを構成する3つの要素

　セルフ・コンパッションを構成する要素として、「**自分への優しさ**」、「**共通の人間性の認識**」、「**マインドフルネス**」の3つの要素があります。

・自分への優しさ

　自分に思いやりや優しさを向け、自分を大切にすることです。大切な人に接するように、自分にも接しましょう。大切な人へ優しくできても、自分自身には同じように優しくするのはが難しいものです。自分の悪い面に注目し批判的になりがちです。自分への優しさは自分の良い面にも気づき、さまざまな経験を受け入れて、

優しさと思いやりを自分に向けることです。自己批判はイライラや怒りなどのネガティブ感情などを生むのに対して、自分への優しさは、あたたかさや癒し、感謝などのポジティブな感情につながります。

・共通の人間性の認識

　人間としての共通点に気づき、他者とつながりを感じることです。人間であれば失敗や困難、悩みや苦しみといった経験は共通のものです。また、悩みや苦しみから解放されて幸せでありたいと願うことも共通しています。たとえば、仕事でミスやトラブルが続き、なぜ自分だけがこんなに苦しまなければならないのかと、自分だけの視点でとらえると孤独に感じます。このような状態のときに、共通の人間性の認識ができると、同じような苦しみを感じている人、知っている人とのつながりを感じて、自分だけが苦しみを感じているわけではないことに気づき、苦しみや孤独感が軽減します。

・マインドフルネス

　マインドフルネスとは、今、ここでの体験に注意を向け、良し悪しの価値判断や評価をせず、あるがままに受け入れることです。ネガティブな出来事があると、同じことをグルグルと考え続けたり、過去を後悔したり、未来の不安にとらわれたりすることがありますが、マインドフルネスができるようになると、さまざまな出来事や感情などに振り回されずにすむようになります。

　日本でもマインドフルネスがブームになり、ビジネス領域においても注目されました。ビジネスパーソンのストレスが軽減しメンタルを安定させる、集中力が高まり仕事のパフォーマンスを向上させるなどの効果があり、マインドフルネスの研修を導入する企業が増えています。

セルフ・コンパッションのイメージ

セルフ・コンパッション

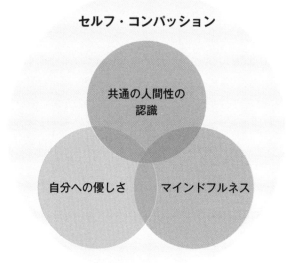

共通の人間性の
認識

自分への優しさ

マインドフルネス

コンパッションの３つの流れ

　コンパッションには、３つの流れがあると言われています。**セルフ・コンパッション**(自分にコンパッションを向けること)、**他者に対してコンパッションを向けること**、**他者からのコンパッションを受け止めること**です。

　この３つのコンパッションは、脳の同じ部位が活性化するとされています。この３つは相関関係にあり、どれか１つのコンパッションを高めると残り２つのコンパッションも高まるといわれています。

　セルフ・コンパッションを育むために、自分に思いやりの言葉をかけてみましょう。たとえば、自分が頑張ったときには「遅くまで残業して頑張ったね」とねぎらい、ストレスを感じたときに「もう大変だよね。今日はおいしいもの食べてゆっくりしようね」と優しさを向けてみましょう。

　また１日の終わりに、お腹のあたりをさすりながら、ゆっくり自分の名前を呼んで、「今日も１日がんばったね。ほんとうにがんばったね。がんばった姿をいつもみて

いるからね。」「ミスもしたけど○○の部分は工夫してできるようになったね」「今日はトラブル続きでしんどい状況だよね。この状況をなんとかしようと取り組んでいるよね。今までも乗り越えてきたよね。苦しくて、くじけそうになっても、どんなときでもいつでもあなたの味方だからね。辛くなったときこそ、自分に思いやりをもとうね」など、自分に思いやりやいたわりの言葉をかけてみましょう。

　自己批判や自己否定感が強くて、自分に優しくできない場合は、他者に対して思いやりやあたたかさを向けることからはじめてみましょう。大切な人が困っていたり、苦しんでいたり、悩んでいるときにはサポートしたいと思えます。1on1でメンバーに思いやりをもって接するよう意識することも有効です。

　他者に思いやりを向けることで、その返報性として、相手から思いやりが返ってくることがあります。他者からの思いやりや優しさを少しずつ受け止められるようになると、周囲から受け入れられている自分を受け入れても良いのではと感じるようになり、グッド・スパイラルを生み出すことにつながります。

　まずは3つの中で取り組みやすいものからはじめて、コンパッションを育んでいきましょう。コンパッションが高まることでより効果的な1on1になります。

コンパッションの3つの流れ

他者へのコンパッション

セルフコンパッション

コンパッションを受け取る

●ビジネスパーソンにこそセルフ・コンパッション

VUCA時代で活躍するビジネスパーソンにとって、セルフ・コンパッションはとても有効です。これを高めることによって、仕事に集中して高いパフォーマンスを発揮できるようになります。ミスや失敗したときのセルフケアができるようになり、メンタルが安定します。失敗からの立ち直りもはやくなり、行動がスピーディーになります。

感情制御の3サークルシステム

人は仕事や生活をする中で、気持ちや感情が変化します。何かのきっかけで過去の失敗を思い出すと、後悔したり惨めな気持ちになったりします。物事が思い通りにならないと、イライラしたりモヤモヤしたりします。ミスや失敗すれば落ち込みます。将来の見通しが立たないと不安や心配な気持ちになります。過去の楽しかったことを思い出せば幸せになります。物事が順調にいけば、充実感や達成感を感じます。将来に明るいイメージをもっていれば、ワクワクしたり、イキイキしたりします。人は気持ちを調節しながら仕事や生活をしています。その気持ちを調節する機能には、3つの型があるといわれています。

①脅威（レッド）システム
②動因（ブルー）システム
③充足（グリーン）システム

健康的な人は、この3つのシステムのバランスをとっています。それぞれについて解説していきます。

① 脅威（レッド）システム

脅威（レッド）システムは、脅威となる刺激や状況を察知して、闘うための準備をするモードです。信号機でたとえると赤色（レッド）です。危険であることを知らせる、ブレーキを踏むシステムです。安全を維持し、自分の身を防衛する役割を担っています。脳内ではアドレナリンが分泌され、血圧が上昇し、呼吸が浅くなるとういう身体反応を引き起こします。「闘争・逃走反応」とも呼ばれます。

　脅威（レッド）システムが稼働すると「怒り」「不安」「嫌悪」などの不快な感情が生じます。ネガティブなものが中心ですが、これらの感情は悪いわけではありません。このシステムがあったからこそ人間は生き残ってこられたと考えることもできます。

② 動因（ブルー）システム

　動因（ブルー）システムは、物事に興味を持って探索したり、取り組んだりするモードです。信号機でたとえると青色（ブルー）です。アクセルを踏んで突き進むシステムです。熱中しているときや目標に向かって夢中になっているときの状態です。自分の興味や好奇心をもって探索しているので、能力向上や目標達成、人間関係の広がり、何らかの資源を獲得することなどにつながります。

　動因システムが稼働しているときの感情は、「好奇心」「興奮」「快感」など、ポジティブなものが活性化されます。いろいろな目標や資源を追い求めるエネルギーが湧いてきて、何か行動をしたくなります。脳内ではドーパミンやエンドルフィンが放出され幸福感や快感を感じます。この状態を保ちたいと感じるので、集中力がアップし、エネルギーが湧き、仕事のパフォーマンスが高まります。

③ 充足（グリーン）システム

　充足（グリーン）システムは、穏やか、リラックスするイメージからグリーンシステムといわれています。安心・安全を感じる、穏やかさや満足を感じるモードです。人から大切にされたり、受け入れられたり、理解してもらえたときの、心が満たされた状態です。たとえば、赤ちゃんが母親に抱かれていてヨシヨシされて、落ちついてる状態です。

　充足（グリーン）システムが稼働しているときは、「親和」「愛情」「リラックス」などの人間関係におけるポジティブな感情が中心です。物事への幅広い視野をもち、思考も柔軟です。人間関係が安定します。誰かと仲良くなったり、他者を受けいれたり、共感したり、信頼したり、協力したり、自分も相手も大切にできる、安心できる関係を構築することができます。脳内では愛情ホルモンであるオキシトシンが放出されます。「幸せホルモン」とも呼ばれています。

3つのシステム			
	脅威システム	動因システム	充足システム
モード	闘いの準備	探索、達成、目標思考	安心・安全
感情	ネガティブ 怒り、不安、恐怖	ポジティブ 好奇心、興奮、快感	リラックス 穏やか、安心
脳内物質	アドレナリン	ドーパミン エンドルフィン	オキシトシン
別名	レッドシステム 「闘争 逃走反応」	ブルーシステム	グリーンシステム

ストレスフルな環境には充足（グリーン）システムにフォーカスする

　健康的であるためにはこの3つのシステムのバランスが重要です。危険やストレスに対処しながら、エネルギーを出したり、リラックスしたり、気持ちを落ち着かせたりしています。ストレスフルな環境では、脅威システムや動因システムが過剰に活性化し、バランスをとることが難しくなることがあります。

　たとえば、殺伐とした職場環境では、他者への相談が難しかったり、ミスをして厳しく指摘されたりすると脅威システムがメインで発動します。仕事のミスを発見したときは、冷静に対処すればよいのですが、脅威システムが活性化すると、不安や焦りがでて、落ちついて対処できなくなることもあります。

　また、不安や恐怖、不快なネガティブ感情に対処するために目標やゴールを設定して行動することもあります。脅威システムから逃れ一時的に気分を良くするために、休みをとらずにアクセルを踏み続け、働き続けたり、活動しすぎてしまったりして疲弊してしまうことがあります。

　脅威システムが活性化したときは、充足システムを活性化させて気持ちを落ちつかせて、リラックスしていきましょう。たとえば、ストレッチ、マッサージ、深呼吸、ゆっくり湯船につかる、おいしいものを食べる、好きなアロマの香りを楽しむ、音楽を聞くなどの方法があります。日々の生活の中でちょっとした、プチリラックスを取り入れていきましょう。

感情制御のスリーサークルモデル

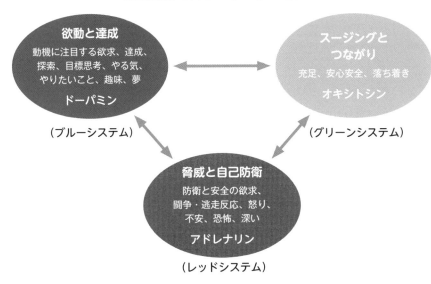

感情制御のスリーサークルモデル

欲動と達成
動機に注目する欲求、達成、探索、目標思考、やる気、やりたいこと、趣味、夢
ドーパミン
（ブルーシステム）

スージングとつながり
充足、安心安全、落ち着き
オキシトシン
（グリーンシステム）

脅威と自己防衛
防衛と安全の欲求、闘争・逃走反応、怒り、不安、恐怖、深い
アドレナリン
（レッドシステム）

出典：コンパッション・フォーカス・セラピー研修資料（石村 郁夫）をもとに作成

● 1on1で充足（グリーン）システムを活性化させる

　1on1が脅威（レッド）システムを活性化させるものだったらいかがでしょうか。毎回、一方的なダメ出しや批判、価値観を否定されたら、多くの人が苦痛を感じて1on1を避けたくなるでしょう。

　1on1では充足（グリーン）システムの活性化が重要です。通常の仕事がストレスフルであっても、1on1が安心安全を感じられる場であればメンバーは心のメンテナンスができます。安心安全であり、リラックスできるから悩みが相談ができますし、本音が話せます。ゆっくり自分のペースで内省ができます。そのためにはメンバーへの思いやり、優しさ、あたたかさ、共感的な態度をもって接しましょう。メンバーを厳しく指導するのではなく、メンバーを理解しようとする姿勢が大切です。

●1on1で動因（ブルー）システムを活性化させる

　1on1で動因（ブルー）システムを活性化させることで、メンバーは高いモチベーションで仕事に取り組み、パフォーマンスを高めます。メンバーへのコンプリメントや励まし、共感的に話しを聴くことなどがポイントになります。メンバーの悩みや苦しみに気づき、それを取り除くサポートすることも重要です。これは甘やかしなのではありません。**コンパッショネイト・リーダー**（メンバーの悩みや苦しみに気づき、思いやりをもってサポートできるリーダー）になることで、メンバーが仕事に積極的になり、主体性と自律性を発揮して仕事に取り組むようになります。

●1on1が安心安全基地であることが重要

　両親が安心安全基地となることで、子供は安心感が育まれます。安心感が育まれていないと両親から離れようとしません。安心感が育まれると、両親から少しずつ離れて、興味や関心のあることに取り組みます。その取り組みを承認し、サポートすることでより積極的に活動するようになります。活動していて不安や恐怖、失敗したときは、両親が安心安全基地となり、抱っこしてなだめて落ちつかせます。落ち着いたらまた活動します。これらを繰り返すことで成長をしていきます。

　1on1が安心安全基地とし機能している場合、メンバーが主体的、自律的に行動し、リスクや困難があってもチャレンジし、成長していきます。失敗やミスをしても、上司との1on1が安心安全基地となり、あたたかく受け入れてくれるからこそ、安心してチャレンジができます。新しいことへの挑戦は失敗がつきものです。失敗したときに厳しく批判や否定されたら誰も挑戦しようと思いませんし、メンタルにダメージを与えます。失敗したときこそ、思いやりと優しさを向け、ナイスチャレンジと声をかけることで、再び挑戦するエネルギーが湧いてきます。

> 安心安全基地の機能

子供は両親が安心安全基地であるから冒険する

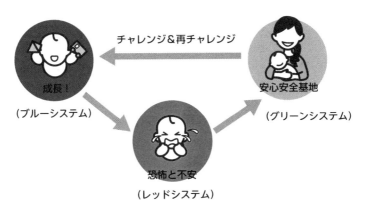

1on1が安心安全だからチャレンジして成長する

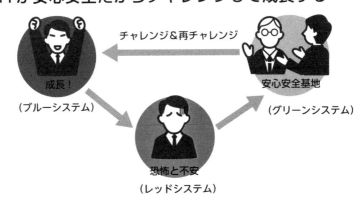

出典：コンパッション・フォーカス・セラピー講座資料（石村邦夫）をもとに作成

脅威（レッド）システムには、

充足（グリーン）システムを活性化させて対処しながら、

動因(ブルー)システムを使って目標へ向かっていきましょう。

第6章 1on1の技術や態度④ 自分自身の心身を整える

Exercise 1

　エクササイズを通してセルフ・コンパッションを高めていきましょう。エクササイズで大切なことは、「安心」「リラックス」「温かさ」などを感じることです。できるところから、できる範囲で、スモールステップで取り組んでいきましょう。

　1on1をはじめる前に心を整えましょう。忙しくてバタバタ、トラブル対応などでイライラしたまま1on1をすると相手にネガティブな影響を与えてしまいます。呼吸のエクササイズをして心をクリアにしてからはじめましょう。

●心地よい呼吸のエクササイズ

- ・ 椅子に座って、両足は肩幅に広げます。足の裏を床につけて、大地に支えられている、つながっている、エネルギーを受けとっているイメージをします。
- ・ 両手を太ももの上にのせてあたたかさを感じましょう。
- ・ 背筋を伸ばして、胸を開いて、アゴをひきます。目は閉じてもいいですし、半眼でもいいです。視線は低い場所に下ろします。
- ・ 呼吸に集中します。空気が鼻や口からの出入り、お腹が膨らんだり、萎んだりするのに注意をむけます。
- ・ 鼻から息を吸って、少し息を止めて、ゆっくり口から息を吐き出します。繰り返しながら、自分にあった深くリラックスできる呼吸のリズムを見つけます。
- ・ 呼吸をしながら、新鮮でフレッシュな空気を吸い込み、ネガティブな感情、ストレス、不純物を吐き出すイメージをします。新鮮でフレッシュな空気が手や足先、体の隅々まで広がって、心身が浄化されクリーンになり、非常に心地よく、穏やかな感じを味わってみてください。
- ・ 呼吸をすることで、横隔膜が膨らみ萎むことで内側からマッサージされている感覚を味わってみましょう。
- ・ 深呼吸をすると一日で最もリラックスできることを感じてみましょう。

　　●気づきや学び、感じたことなどを記入してみましょう。

Exercise2

● コンパッショネイト・カラーのエクササイズ

エクササイズ1の呼吸のエクササイズの後に続けてみてください。

・ 心地よく、リラックスできる呼吸をします。
・ 穏やかでリラックスできる色、温もりや思いやり、優しさを感じる色をイメージしてみてください。その色に包まれている自分を味わってください。
・ その色が呼吸とともに胸のあたりから身体に入ってきて、ジワァ〜っと、ゆっくりと全身に広がっていく場面を想像してみてください。その色のエネルギーをしっかりと全身で受け止めてみてください。温もりや優しさ、穏やかさ、その色に包まれている、満たされている、守られている、やる気がでることを感じとってみましょう。

● 安全な場所のイメージのエクササイズ

・ 自分がリラックスできる、穏やかになれる安心安全の場所をイメージしてみてください。
・ 目の前に安心安全の場所の景色が広がっています。何が見えるでしょうか。どんな音が聞こえるでしょうか。どんな匂いがするでしょうか。肌で感じる感覚はいかがでしょうか。
・ 全身で感じられる感覚をイメージしてみてください。五感でしっかりとその場所にいるときの感覚に注意を向けて、安心安全な場所にいることを想像してみましょう。その場所が、あなたを受け入れている、この場所にあなたがいていいんだよと言っているイメージをしてみてくたざい。

●気づきや学び、感じたことなどを記入してみましょう。

第6章 1on1の技術や態度④ 自分自身の心身を整える

Exercise 3

●コンパッションに満ちた理想の他者のエクササイズ

　イメージには大きな力があります。たとえば梅干しをイメージすると、酸っぱさを感じて唾液がでてくることがあります。何かをイメージすることで、脳が刺激され、身体が同じような体験をすることができます。エクササイズでイメージすることが重要です。慈悲的な人をイメージすることで、セルフ・コンパッションを高めていくことができます。

> ステップ1：　誰かに悩みや苦しみを理解してもらえている状態をイメージします。自分が苦しんでいるとき、誰かに理解され、優しさと温かさに包まれ、安心していく状態をイメージしましょう。
>
> ステップ2：　理解者がいて、優しさや温かさに包まれている自分が、いつもの自分にどんな働きかけをするのかをイメージします。悩み苦しんでいるとき、自分がしてもらいたいことや温かい言葉を、いつもの自分にしてあげるイメージをしましょう。
>
> ステップ3：　コンパッションに満ちた人をイメージします。その人はあなたのことを理解しようとし、共感的に話しを聴いてくれて、気持ちを受け入れてくれます。批判や否定することはありません。あなたが悩み苦しんでいるときは、一緒にいてくれて優しさと温かさで包み込んでくれます。苦しみを和らげようと心から願ってくれています。

　コンパッションに満ちた人が、どのような言葉をかけてくれるかイメージしましょう。その人は「あなたが健やかでありますように。心に安らぎがありますように。悩みや苦しみから解放されますように。自分の人生でありますように。平和でありますように。幸せでありますように。」と願っています。その人がそばにいると、自分の心と身体がどう感じるのかをイメージしましょう。

　●気づきや学び、感じたことなどを記入してみましょう。

Exercise 4

●コンパッションに満ちた自己のエクササイズ

体の中で温かい場所に注目してみてください。おへその下の丹田のあたりに注目して温かさを感じてみてください。

この温かい部分に自分の小さいアバター（分身）、小さい自分がいるとイメージしてみてください。

目の前に困っている子供がいると想像してみてください。迷子かもしれません。

あなたの温かさを活用して、その子供に思いやりや優しさ、温かさを向けてみてください。「大丈夫ですか？」と声をかけてみましょう。

子供はほっとした表情をしました。どんな感情がでてきましたか。

お互いの気持ちが温かくなったかもしれません。

自分の小さいアバターも温かくなってきます。お腹のあたりの温かさが、全身にジワァ～っと広がってきます。さきほどよりも深い思いやりがある自分になりました。

困っている人がいたら助けたい、協力したい気持ちになっています。

普段よりも思いやりが高まっている自分をイメージしてみましょう。

目の前に困っている自分がいます。共感的な態度で接して、温かい言葉をかけてみてください。

問題を抱えている自分自身に対して、今の視点からアドバイスしてみましょう。

●気づきや学び、感じたことなどを記入してみましょう。

第6章　1on1の技術や態度④　自分自身の心身を整える

Exercise 5

● コンパッショネイト・レター・ライティング

　自分自身に対して思いやりや温かさを向けた「慈悲の手紙」を書くことで、セルフ・コンパッションを高めていきます。紙に書き出すことで、状況や自分の気持ちや考えが整理されます。思いやりと優しさ、あたたかさを持った自分から、かつて苦しんでいた、しんどかった、辛かった自分へどんなメッセージを届けられるかを書きます。

　自分自身への手紙の例

　　みんながができることを自分はできないことが多かった。
　　普通のことができず、自分なりに精一杯努力してきた。
　　優秀な人に囲まれて居場所がなかった。
　　ミスが多くて、失敗ばかりしてきた。
　　なんとか、できるようになろうと一生懸命に努力だけはしてきた。

　　がんばっても、がんばっても、成果がだせなかったこともあったね。
　　不器用で普通のこともできないこともあったね。
　　バカにされたり、マウントとられたりした。
　　悔しくて、苦しくて、惨めで雨の中にぽつんとひとりでいる感じがした。
　　なんとかついていくために、休みを返上して努力を続けてきた。
　　笑われても、バカにされても、不甲斐なくても、努力だけはしてきた。
　　少しは成長できたけど、なんか、疲れた。
　　努力していないこと、休むことに対して罪悪感がある。
　　つねに努力しなくてはいけないと、頭の中で、
　　自分自身を叱咤激励している。もう疲れた…。

　　「セルフ・コンパッションが高まった自分から、かつて苦しんでいた自分へ」

　　がんばってきたね。本当にがんばってきたね。充分がんばったよ。
　　頑張っている姿をずっと見てたよ。これからも私が見守っているよ。

　コンパッションに満ちた人（エクササイズ3）から自分を大切にしていいんだよって言われたときに、

　心に響いて涙が出そうになったね。つながりと温かさを感じたね。

　上手くいかないこともあるけど、乗り越えてきたね。

　その努力を誇りに思うよ。あなたが感じたり、考えていること、

　心を大切にしていこうね。休んでリラックスしていいんだよ。

　ゆっくりしていいんだよ。もっと自分を大切にしていいんだよ。

●慈悲の手紙を書いてみよう。

●気づきや学び、感じたことなどを記入してみましょう。

Exercise 6

●コンパッショネイト・アクション

　ここまでのエクササイズで、セルフ・コンパッションを高めることができたら、実際に行動してみましょう。

① ここ最近、ストレスに感じたこと、イライラやモヤモヤしたこと、うまくいかなかったときのことを思い出してみてください。どんな出来事で、どのような気持ちになりましたか。

② そのストレスを感じた後、あなたが取りがちな行動を書いてみてください。たとえば、攻撃的な言動をする、批判的になる、無口になる、他人のせいにする、自己批判的になる、暴飲暴食をする、深夜まで動画やゲームをするなど。悪循環につながる行動もあるかもしれません。

③ 書き出した行動を振り返ってみましょう。いくつかの行動は状況に適応するための行動かもしれまんせんが、その行動は建設的でしょうか。それとも非建設的でしょうか。また、それは自分を大切にする行動でしょうか。セルフ・コンパッションが高まると、実践できそうな建設的な行動やコミュニケーションを書いてみましょう。たとえば、相手に配慮しながら自分の考えや気持ちを伝える、相手にコンプリメントしつつ建設的にフィードバックする、ゲームや動画も就寝時間までに終わらせる、など。

④ ③で書き出した行動をスモールステップに具体化してみましょう。

⑤ 行動が実現できたときのメリットを考えてみましょう。

Column 6
ストレスマネジメントをするうえで 認知行動療法が効果的です

　認知行動療法とは、ストレスの問題を、物事のとらえ方「**認知**」（物事のとらえ方）や「**行動**」に働きかけて、ストレスを軽減して心を楽にする心理療法のことです。

　認知行動療法では、ストレスを感じた具体的なできごとをとりあげて、ストレス反応を「**認知**」「**気分・感情**」「**行動**」「**身体反応**」の4つの側面で整理して理解します。たとえば、上司にダメだしされる（ストレッサー）、自分はミスが多くてダメ人間だ（認知）、無力感、絶望感、自己嫌悪、イライラ（感情）、退社後、暴飲暴食、深夜までゲーム（行動）、胃の痛み、頭がぼんやり（身体反応）などのように整理します。この4つの側面は互いに影響し相互作用していて、悪循環を生み出すことがあります。そのため、ストレッサーとストレス反応を整理し、認知と行動にアプローチして、悪循環を解消することを目指します。

　一般的に「認知」と「行動」は自分でコントロールしやすく、「感情」や「身体反応」はコントロールが難しいです。たとえば、あなたが不安ときに、不安になるのをやめてくださいといわれたらいかがでしょうか。不安な気持ちを自分でコントロールできるでしょうか。頭痛のときに、自分で頭痛をコントロールできるでしょうか。どちらも自分でコントロールすることは非常に難しいと思います。

　「認知」や「行動」にアプローチして、心や身体を楽にしていきます。認知的コーピングや行動的コーピングを増やしてストレスと上手につきあっていきましょう。

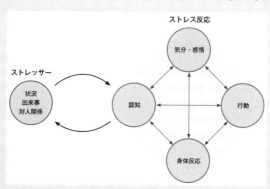

第 **7** 章

1on1のステップ①
メンバーと信頼関係を築く

1on1では信頼関係がコミュニケーションのベースとなっており、関係の質が高いと思考や行動にも良い影響を与えます。この章では、成長や成果を促進させるための対話の段階となる、信頼の構築・思考の促進・行動の後押しの3つのステップから、1つめの『信頼関係を築く』に焦点を当て、安心して自由に話し合える関係を構築するための方法について解説していきます。

信頼関係を築く５つのプロセス

信頼関係が築かれると、率直に意見や本音が言えたり、助けあったり、悩みなどを相談することができます。信頼関係を築くことに悩んだら、信頼関係を築く5つのプロセスを参考にしてみましょう。

信頼関係の５つのプロセスを理解し現在地を確認する

●信頼関係の５つのプロセス

　信頼関係には「警戒・疑心・理解・共感・信頼」5つのプロセスがあります。メンバーとの関係がどこの段階にいるかを把握していると、次にどのようなコミュニケーションをすればいいのかが明確になり、行動しやすくなります。

- **警戒**　「私は敵ではない」「私は悪い人ではない」「私は害を与えない」などを伝えることがポイントです。相手の警戒をやわらげるのに「笑顔」や「挨拶」は効果的です。

- **疑心**　不安を軽減させ安心感を生み出すことがポイントです。たとえば天気や気候について、「今日は青空で良い天気ですね」「すごく暑かったですね」などの雑談をすることです。相手は「そうですね」と肯定的に受けとめてくれます。このような交流をすると少しずつ安心感が生まれます。自分の弱みや失敗についての話も相手の安心感につながります。

- **理解**　お互いの共通点を見つけることがポイントです。会話や質問をしたり、共通点を見つけたりすることで安心感を高めます。同じような趣味、同じ出身などの共通点があると関係性が深まります。

- **共感**　共感とは相手と自分が同じ気持ちになっているような状況のことです。相手を尊重し、傾聴をすることで喜んだり、悲しんだり喜怒哀楽がシンクロしている心情になります。

・**信頼**　相手を尊重したコミュニケーションや行動、約束を守る、時間を共有するなど、信頼を深めるのに有効です。価値観や内側の深い部分を共有することも大切です。信頼関係を築くまでには時間はかかりますが、信頼関係は一瞬で崩れるときもありますので、相手に誠実であり、尊重した言動が大切です。

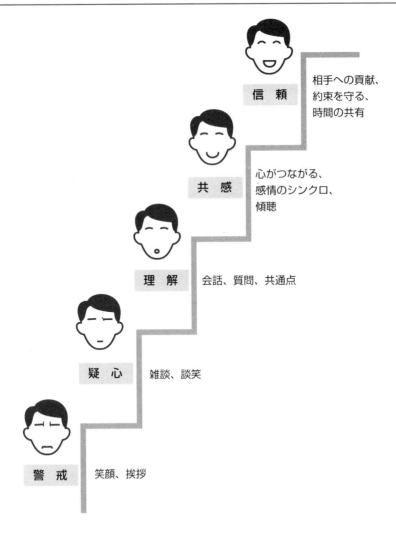

信頼関係を築く5つのプロセス

信　頼　相手への貢献、約束を守る、時間の共有

共　感　心がつながる、感情のシンクロ、傾聴

理　解　会話、質問、共通点

疑　心　雑談、談笑

警　戒　笑顔、挨拶

第7章　1on1のステップ①　メンバーと信頼関係を築く

心理的安全性を高め協力的なチームをつくる

あらゆる業界で「心理的安全性」が注目されています。心理的安全性とは、チーム・組織の成果に向けて、誰もが率直に意見や質問、指摘や反論などを気兼ねなく安心して発言できる状態のことです。心理的安全性が高いと、1on1でメンバーが率直に自分の気持ちや考えを話しやすくなります。

心理的安全性を高める4つの要素を理解し実践する

●心理的安全性とは

　心理的安全性とはハーバード大学教授のエイミー・C・エドモンドソン氏によって提唱され、「チームの中で対人的なリスクをとっても大丈夫である、というチームメンバーに共有される信念のこと」と定義されています。Googleが行った、生産性が高いチームの共通点を発見する調査「プロジェクト・アリストテレス」でも重要な要素と結論づけられ、多くの企業から注目されました。1on1においても、メンバーが率直に自分の気持ちや考えを話しやすくなるため非常に有効です。

●心理的安全性を高める4つの要素

　石井遼介氏の著書「心理的安全性のつくりかた」によれば、「話しやすさ」「助け合い」「挑戦」「新奇歓迎」の4つの要素があるとき、心理的安全性が感じられるととされています。

・話しやすさ

　心理的安全性の4つの要素のうち、土台となるのが「話しやすさ」です。人は、ニコニコと笑顔の人には接しやすく話しかけやすいですが、眉間に皺をよせて、しかめ面の人には話しかけにくいものです。同様に、否定や批判をされると、話しかけづらくなりますが、感謝や承認、肯定されると話しかけやすくなり、安心して率直に発言ができるようになります。

・助け合い

　チームワークの土台となる要素で、お互いが助け合える、サポートしあえること です。

　ミスやトラブルがあったり、困ったときにサポートを求められるかどうかです。 トラブルがあったとき、ミスをした個人を批判するのではなく、解決に向けて建設 的に対話ができる状態です。メンバーが困っていそうだったら、声をかけましょう。

・挑戦

　挑戦をすること自体が素晴らしい、挑戦を応援できるかなど挑戦を歓迎できる 周囲の環境が重要です。この挑戦の要素が高いとチームに活気が出て、アイデア や企画が出やすくなります。

・新奇歓迎

　「人」に焦点をあてた要素です。メンバーの個性や凹凸、自分らしさを発揮する ことを歓迎できる環境です。メンバー1人ひとりの強みや個性、リソース、価値観 を大切にしているか、違いを受け入れて活用して、新しい価値を生み出しているか どうかです。

心理的安全性を高める4つの要素

話しやすさ
ニコニコ笑顔は話しかけすい！
○○さん、ちょっといま、よろしいですか？

助け合い
困ったときは助け合い！
○○さん、何かありました？ サポートできることありますか。

挑　戦
挑戦することに価値がある！
○○さん、ナイスチャレンジ!!

新奇歓迎
強みや個性、自分らしさを歓迎！
○○さん、斬新な アイデアですね！

7-3

「自己開示」で相互理解を深める

上司とメンバーのお互いが自己開示することで相互理解が深まりす。お互いを理解し尊重することで、より信頼が高まります。上司が自己開示するとメンバーも自己開示しやすくなります。上司が弱さや失敗を自己開示すると心理的安全性を高めやすくなります。

ジョハリの窓でお互いが知っていること知らないことを整理する

● 自己開示

自己開示とは、自分自身のことを他者に伝えることです。たとえば自分がどういった人間であるとか、自分の考えや感情、価値観、強みや弱みなどです。趣味や特技、好きな音楽などちょっとしたことから自己開示してみましょう。上司が自己開示をするとメンバーも自分のことを話しやすくなります。お互いが自己開示することで心理的距離も縮まります。

● ジョハリの窓

上司とメンバーがお互いについて何を知り、何を知らないのか整理するために「ジョハリの窓」が活用できます。心理学者のジョセフ・ルフトとハリー・インガムが「対人関係における気づきのグラフモデル」として発表したものが、2人の名前を組み合わせてジョハリの窓と呼ばれるようになりました。

ジョハリの窓は、自分の特性や自己理解について4つの窓（領域）に分類して考察します。「自分から見た自分」と「相手から見た自分」について4つの窓（開放・盲点・秘密・未知）で整理していきます。

開放の窓	自分も相手も知っている
盲点の窓	自分は気づいていないが、相手は知っている
秘密の窓	自分は知っているが、相手は気づいていない
未知の窓	自分も相手も知らない自己

　上司とメンバーの知ってる領域「開放の窓」が広がっていくことで相互理解が深まり、自己分析や円滑なコミュニケーションにもつながっていきます。

ジョハリの窓

　「開放の窓」を広げることで他の窓が小さくなります。自己開示で「秘密の窓」が小さくなり、フィードバックで「盲目の窓」が小さくなります。「開放の窓」が広がると「未知の窓」と重なる部分が出てきます。この部分を明らかにしていくと「新たな気づき」になります。まずは、話せる範囲で自己開示をして相互理解を深めていきましょう。

7-4

相手のコミュニケーションタイプ を知る

自分と相手のコミュニケーションの傾向を理解すると、建設的でストレスが少ない対話ができるようになり、人間関係も良好になります。米国の産業心理学者であるデビット・メリル氏が提唱した「ソーシャルスタイル理論」で、自分とメンバーのコミュニケーションタイプを考えてみましょう。

4つのコミュニケーションタイプを理解し自分と相手のタイプを知る

●ソーシャルスタイル理論

　ソーシャルスタイル理論は、自分と相手のコミュニケーションスタイルを理解して、建設的なコミュニケーションをするための理論です。人のコミュニケーションの取り方を「自己主張」と「感情表現」の2軸で2×2の4つのスタイルに分類します。自分と相手のタイプを理解することで、建設的なコミュニケーションができるようになり、仕事だけではなく、プライベートも含めた人間関係に幅広く活用できます。

●4つのコミュニケーションタイプ

・ドライビング（現実重視）

　自己主張が強く、感情表現が控えめです。リーダーシップがあり、判断や決断が早いです。指示されたり相手に合わせたりするのが苦手です。

・エクスプレッシブ（感覚重視）

　自己主張が強く、感情表現が豊かです。楽しいことが好きで発想力や行動力があります。飽きっぽく、計画を立てるのが苦手です。

・エミアブル（協調重視）

　自己主張は控えめで、感情表現が豊かです。人間関係を大切にして親切で優しいです。依頼を断ることや人前で話すことが苦手です。決断が遅いです。

・アナリティカル（思考重視）

　自己主張は控えめで、感情表現も控えめです。論理や正確性を好み、コツコツと取り組みます。話が長く、行動が遅い傾向があります。

　人はさまざまな性質が共存。多くの人は4タイプに強弱をつけた複合タイプです。お互いのタイプを理解して建設的なコミュニケーションを行いましょう。

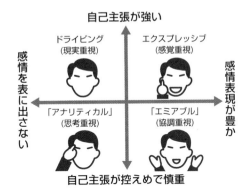

ソーシャルスタイル理論の4つのタイプ

自己主張が強い

ドライビング（現実重視）　エクスプレッシブ（感覚重視）

感情を表に出さない　　感情表現が豊か

「アナリティカル」（思考重視）　「エミアブル」（協調重視）

自己主張が控えめで慎重

● タイプ別の相性について

　同じタイプの人同士は相性が良いです。「上下」「左右」に位置するタイプは比較的相性が良いです。対角線上にある「ドライビングとエミアブル」「エクスプレッシブとアナリティカル」はタイプが反対であるため、相性が悪いことが少なくありません。お互いの強みと弱みを補完しあう関係なので、お互いのタイプを理解し、リスペトクすることでチームのパフォーマンスを高めることができます。

タイプ別の相性

	重要なこと	苦手なこと	強み	弱み
ドライビング	達成 コントロール	優柔不断 非効率	リーダーシップ 意思決定 効率的	相手に合わせる 怖い 褒める
エクスプレッシブ	楽しさ 自由	窮屈 退屈	アイデア豊富 社交的 巻き込み力	飽きっぽい 地道な努力
アナリティカル	正確さ 緻密さ	予想外のできごと 急かされること	正確さ 機密さ コツコツ	行動が遅い 話が長い
エミアブル	安心 あたたかさ	気遣いのなさ 無神経さ	親しみやすい 人助け 期待に応える	決断できない プレッシャー

自分のコミュニケーションタイプがわかる
ソーシャルスタイル・チェックリスト

　設問1から4の質問項目を読んで「自分にあてはまる」ときはチェックをつけて
ください。チェックが多いものが、あなたの傾向が強くでているタイプです。

● 設問 1　ドライビングの傾向
　　□ 人間関係より仕事に興味・関心がある
　　□ 仕切ったり、リーダーシップをとる傾向がある
　　□ プロセスよりも結果が重要である
　　□ 自分の考えをはっきり言う
　　□ 人に厳しく、怖いといわれたことがある
　　□ 人の気持ちや感情に鈍感である
　　□ 人にコントロールされると反発してしまう
　　□ 判断、決断力がある
　　□ 短時間で多くのことをしようとする
　　□ 感謝や労い、承認の言葉は少ない

● 設問 2　エクスプレッシブの傾向
　　□ 楽しいことや活気があることが好き
　　□ 感情表現やジェスチャーは豊か
　　□ 計画を立てること、計画通りに行動するのは苦手
　　□ 細かいことはあまり気にしない
　　□ 人を承認（褒める）するのが得意、承認されるのも好き
　　□ 気軽にコミュニケーションができる
　　□ 一緒にいて楽しいと言われる
　　□ 単調なルーティンワークは苦手である
　　□ 飽きっぽいと言われる
　　□ アイデアが豊富

● 設問 3 アナリティカル（思考重視）

- □ 冷静に淡々と話す
- □ 感情表現は控えめなほうである
- □ 慎重で、しっかり考える
- □ 話しや説明が長いと言われる
- □ 計画通りに実行したい
- □ データや根拠を重視する
- □ 人からは真面目と言われる
- □ 突然、意見を求められると困る
- □ 自分から話すことは少ない
- □ リスクやネガティブから考える傾向がある

● 設問 4 エミアブルの傾向

- □ 人をサポート、世話をすることが好き
- □ ゆっくり、穏やかな話し方
- □ 心遣いや配慮ができる
- □ 優しい、温和で親しみやすい
- □ 感謝や労いの言葉をかけられると嬉しい
- □ 仕事よりも人間関係を優先したい
- □ 相手の気持ちや場の空気が気になる
- □ 人と対立や争いをしたくない
- □ お願いされるとノーと言えない
- □ しっかり考えて決断したい

7-5

アサーションで
人間関係を良好にする

1on1の効果を高めるには、日頃のコミュニケーションが重要です。自分も相手も大切にするコミュニケーションを意識することで、メンバーとの信頼関係が築かれていきます。ここからは、自他尊重のコミュニケーションで人間関係を良好にする「アサーション」について学びます。

自他尊重のコミュニケーション

● 自分も相手も大切にするコミュニケーション

アサーションとは、自分の気持ちや考えを率直に、誠実かつ対等に、その場に適した方法で伝える自己表現のことです。

自分と他者を大切にするマインド、相手に伝える表現方法のスキルが人間関係を良好にする重要な要素です。日頃からお互いを尊重したコミュニケーションをすることで信頼関係が構築されて1on1の効果を高めます。関係の質（P20）や心理的安全性（P186）も高まります。

● 自己表現の4つのタイプ

アサーションではコミュニケーションのタイプを4つに分類しています。

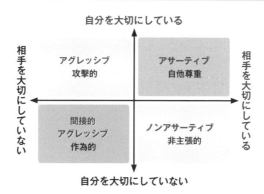

コミュニケーションの4タイプ

自分を大切にしている

相手を大切にしていない ／ 相手を大切にしている

| アグレッシブ 攻撃的 | アサーティブ 自他尊重 |

| 間接的 アグレッシブ 作為的 | ノンアサーティブ 非主張的 |

自分を大切にしていない

非主張的タイプと攻撃的タイプ

▶非主張的（ノンアサーティブ）
非主張的（ノンアサーティブ）の傾向は、自分の気持ちや考えを抑圧、歪曲、否認し、相手を優先します。自分の言いたいことを言えず、相手に振り回されます。お願いされると「ノー」と断ることができないのでストレスが溜まり疲弊してしまいます。人間関係に疲れてしまいます。

▶攻撃的（アグレッシブ）
攻撃的（アグレッシブ）の傾向は、自分を優先し相手を軽視します。自分の思い通りにするために、大声を出したり、一方的に非難したりして相手をコントロールしようとします。相手は不満や怒りなどを感じるので人間関係が悪化します。

作為的タイプとアサーティブ

▶作為的（間接的アグレッシブ）

作為的(間接的アグレッシブ)の傾向は、直接、相手に伝えるのではなく、嫌みを言ったり、シニカルな態度で、遠回しに相手を攻撃します。相手に罪悪感を抱かせてコントロールしようとします。斜に構えているので素直ではありません。相手からは感じの悪い人と思われます。

こっちは仕事が溜まって忙しいのに、仕事が丁寧ですね。

すみません。もう少し、時間がかかりそうです。

▶アサーティブ（自他尊重）

アサーティブ（自他尊重）の傾向は、自分の気持ちや考えを大切にするとともに、同じように相手のことも大切にします。相手に配慮しつつも率直に自分の意見を伝えます。相手の気持ちや考えを受け止め理解しようとするので、大切にされていると感じます。「話す」と「聴く」を繰り返し相互理解を深めます。人間関係が良好になります。

すみません。今日中に追加で資料をお願いできますか？

今日中に仕上げる仕事に取り組んでいます。明日でも大丈夫すか？

タイプ別コミュニケーション

相手や状況において自分がどのような
コミュニケーションをしているか振り返ってみましょう

	部下に対して	同僚に対して	上司に対して
状況	同じミスを繰り返す部下。また、同じミスをした。	チームメンバーの同僚に仕事をサポートしてもらいたいが、忙しそう。	上司から懇親会のお誘い。疲れているので、帰ってゆっくりしたい。
非主張的	ミスを指摘できずに、自分で修正 . 心はモヤモヤ。	「ちょっといいですか？」と声をかけるが、「やっぱり大丈夫」と頼まない。	「あ、え〜っと・・・」と言っているうちに、再度「せっかくだら」と誘われ参加する。
攻撃的	「同じミスをするのは何回目だ！！」と、「何をやっているんだ」と大声をだす。	相手に確認せずに、「この部分をお願いします」と一方的に仕事を投げる。	「ハァ〜、急に言われても行けませんよ」と、イラッとした感じで断る。
作為的	「あ〜やんなっちゃう、ミスしない人と仕事したい」と、本人に聞こえるように言う。	同僚に聞こえるように「あ〜、困った、どうしよう」と言って、同僚に声をけてもらおうとする。	「お金も時間も余裕があっていいですね」と嫌みな感じで言う。
アサーティブ	「前回も同じミスしています。これは大切なことですから、ミスを防げるように一緒に考えていきましょう」と伝える。	「忙しいところ、すみません。この部分だけ手伝っていただけると助かります。お願いできますか？」と率直に伝える。	「お誘いありがとうごいさます。今日は疲れているので、ゆっくりしたいです。次回よろしくお願い致します」と誠実に伝える。

　自分のなかにこの4つのタイプがありますが、相手や状況（環境）によってタイプが変化します。上司にはノンアサーティブで、部下にはアグレッシブになる人、会社ではアサーティブであっても、家庭ではアグレッシブになる人もいます。苦手な人や特定の状況のときは、ノンアサーティブやアグレシッブになりがちかもしれません。日頃からアサーティブなコミュニケーションを心がけましょう。

私も OK、あなたも OK

	自分	相手
ノンアサーティブ	×	○
アグレッシブ	○	×
間接的アグレッシブ	△	△
アサーティブ	○	○

4つのタイプのコミュニケーションをキャッチボールで例えると

- ノンアサーティブは、投げた球が相手まで届かないので、相手に伝わらない。
- アグレッシブは、一方的に怒りやネガティブの球を相手に投げつけるので、取りにくいし、傷つくこともある。相手もアグレッシブな球を投げ返してくることもある。
- 間接的アグレッシブは、相手が取れない球をわざと投げて、相手を不快にさせる。
- アサーティブは、相手が受け取りやすい球を投げる。相手も受け取りやすい球を投げ返してくれやすくなる。

状況や相手によって自己表現のタイプが変わる
アサーティブなコミュニケーションを心がけよう

どんなときに? 誰に?

自己表現の4つのタイプ

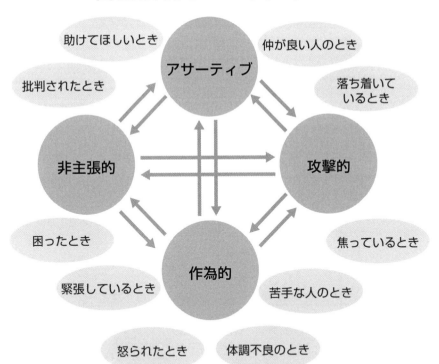

自分の気持ちや感情を把握する

　アサーションやDESC法、Iメッセージを使うときに、自分の気持ちを把握することが大切になります。自分の気持ちを把握できると、伝えたいことがはっきりするので、より適切な自己表現ができるようになります。

　赤ちゃんは、おむつが気持ち悪い、お腹が空いた、気分が悪いといったときに泣くことで気持ちを表現します。成長するにつれて、しつけなどで気持ちを抑えられることも増えてきます。

　社会人になると気持ちを抑圧、歪曲、スルーして自分の気持ちがわからなくなる人が少なくないです。日頃から気持ちを確かめるトレーニングをしておきましょう。たとえば、美味しいものを食べた、趣味を楽しんでいる、入浴してさっぱりした、仕事が終わったときなど、朝、昼、夜で自分の気持ちを感じる時間をとってみましょう。
　主語に私とつけてみると気持ちや考えが捉えやすくなります。気持ちに善し悪しはありませんので、自分の気持ちを素直に感じてみましょう。

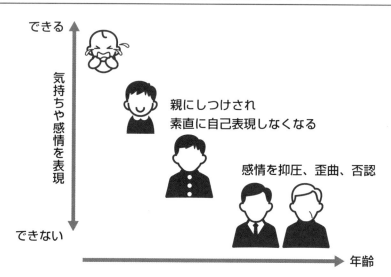

年齢を重ねるにつれ素直な感情を出しにくくなる

できる

気持ちや感情を表現

できない

親にしつけされ
素直に自己表現しなくなる

感情を抑圧、歪曲、否認

年齢

気持ちリスト

ポジティブ
陽性感情

安心　快い　ホッ　満足　嬉しい　愛情　楽しい　ワクワク　感謝

ネガティブ
陰性感情

不安　絶望　不満　焦り　怒り　恐怖　嫉妬　悲しみ　不決

気持ちと思考は区別できようにしましょう。
気持ちは「ひと言」で表現できるものです。思考は文章になります。

気持ち	思　考
嬉しい	私はダメな人間だ
恥ずかしい	すべて失ってしまいそうだ
悲しい	あの人は誠実で立派だ
イライラ	何をやっても失敗するだろう
モヤモヤ	あの人はアグレッシブだ

アサーション・チェックリスト

　自分の自己表現の傾向をアサーション・チェックリストで確認してみましょう。

　合計点が45点以上の人は自己表現が得意かもしれません。25点以下の場合は自己表現が苦手な人かもしれません。26点〜44点の場合は相手や状況によってできたり、できなかったりするかもしれません。

　自分自身についての点数が低い人は自己理解を深め、自分に思いやりとあたたかさを向けることが大切です。

　伝える力について点数が高く、聴く力の点数が低い場合は、話すことは得意だけれど、聴くことが苦手かもしれません。話す前に、まず相手の話をニコニコしながら聴いてみましょう。反対に聴く力が高く、伝える力が低い場合は感謝やポジティブなこと、ちょっとしたことから伝えるトレーニングをしていきましょう。

自分自身について

考えや気持ちをキャッチできる	1	2	3
考えや気持ちを言語化できる	1	2	3
自分を受け入れることができる	1	2	3
自分を肯定することができる	1	2	3
長所や短所、好き嫌いを理解している	1	2	3
人と対等に接することができる	1	2	3
本音と表現が一致している	1	2	3

計　点

**伝える力
について**

考えや気持ちを率直に言える	1	2	3
提案や要望を伝えられる	1	2	3
ポジティブなことを伝えられる	1	2	3
ネガティブなことを伝えられる	1	2	3
建設的に批判できる	1	2	3
断わったり、ノーと言える	1	2	3
相手に配慮して伝えられる	1	2	3

計　点

**聴く力
について**

素直に聴くことができる	1	2	3
関心をもって聴くことができる	1	2	3
話しを受けとめることができる	1	2	3
共感して聴くことができる	1	2	3
相手の立場になって聴くことができる	1	2	3
ネガティブな話を聴くことができる	1	2	3
建設的な批判を聴くことができる	1	2	3

計　点

第7章　1on1のステップ①　メンバーと信頼関係を築く

自己表現の傾向を把握しよう!!

　このチェックは、今の自分の自己表現の傾向をとらえ、アサーティブになるために何ができていて、何ができていないのかを振り返るのが目的です。点数の高い低いに一喜一憂する必要はありません。点数が高ければ維持、継続して、点数が低ければ伸びしろがあります。

　前頁のチェックリストから、日頃のコミュニケーション場面を振り返ると相手や状況によって自己表現が違うこともあり、チェックが難しかったかもしれません。そこに何か理由や課題があるかもしれません。定期的に自分のコミュニケーションを振り返ることが重要です。

　アサーティブなコミュニケーションができるようになると、建設的な会話ができるようになります。人間関係が楽になり、ストレスが減少します。

　自分自身について、伝える力について、聴く力についてプラス1点、高めるためにできることを考えてみましょう。アイデアを思いついたら、スモールステップで、できることを、できる範囲で取り組んでいきましょう。継続していくとコミュニケーション力が高まっていきます。

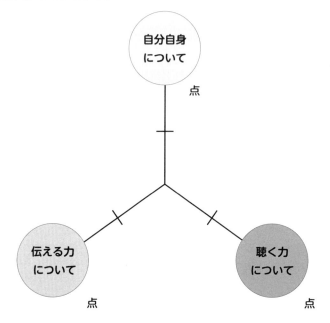

アサーション権

　アサーション権は基本的人権の一つであり、よりよい人間関係の基礎となる誰もが持っている権利です。人への思いやり、あたたかさ、やさしさ、信頼関係を育んでいくには、アサーション権を知ることが大切です。アサーション権を知り、自己表現に自信をもっていきましょう。

　アサーションにまつわる権利は100以上あるといわれています。その中で基本的なものを取りあげます。

・私には、尊重され、大切にしてもらう権利がある

・私には、自分の感情と考えを持ち、それを表現する権利がある

・私には、価値観を表明する権利がある

・私には、「ノー」という権利がある

・私には、間違う権利がある

・私には、考えを変える権利がある

・私には、「わかりません」という権利がある

・私には、人の悩みの責任を引き受けない権利がある

・私には、欲しいものを求める権利がある

・私には、支払いに見合ったものを得る権利がある

・私には、自己表現しない権利もある

Exercise 1

　Aさんは仕事が忙しく遅くまで残業しそうです。上司から新たに仕事を依頼されました。そのとき、どのように対応しますか？

●ノンアサーティブ(非主張的)なタイプ

●アグレッシブ(攻撃的)なタイプ

●間接的アグレッシブ(作為的)なタイプ

●アサーティブなタイプ

Exercise 1の回答例

●ノンアサーティブ（非主張的）なタイプ

> 「あっはい、わかりました。やっておきます。」
> （なんでこんな忙しいのに…他の人に依頼してよ、もう嫌だなあ）

●アグレッシブ（攻撃的）なタイプ

> ハァ～！いま、こんなに仕事が忙しいんですよ。
> そのぐらい自分でやってくださいよ！（怒）

●間接的にアグレッシブなタイプ

> ハァ～…今日も残業だ。忙しくて嫌になっちゃうなぁ。
> お願いする人は気楽でいいなぁ。

●アサーティブなタイプ

> はい、いま取り組んでいる仕事があります。この仕事が終わるまで余裕がなく、
> この仕事が終わってからでもよろしいでしょうか。

同じような状況になったら、どのように対応しますか？　状況や相手によってケース・バイ・ケースですので、正解があるわけではありませんが、アサーティブな表現ができるようにトレーニングしていきましょう。

- ・ノンアサーティブだと、モヤモヤやストレスが溜まるかもしれません。相手にネガティブな感情を持つかもしれません。
- ・アグレッシブだと、一瞬スッキリするかもしれませんが、強く言ってしまって後悔するかもしれません。相手との関係がぎくしゃくするかもしれません。
- ・間接的アグレッシブだと、相手を不快にさせ、嫌味な人と思われるかもしれません。
- ・アサーティブだと、相手に配慮しつつも率直に伝えています。相手も受け取りやすいです。

Exercise 2

　状況や相手によって、どのタイプで表現しているか振り返ってみましょう。
工夫できる点についても考えてみましょう。

①非主張的になりやすい相手は？　　　　②非主張的になりやすい状況は？

③どのような表現になりますか？　　　　④工夫できることはありますか？

①作為的になりやすい相手は？　　　　②作為的になりやすい状況は？

③どのような表現になりますか？　　　　④工夫できることはありますか？

①攻撃的になりやすい相手は？

②攻撃的になりやすい状況は？

③どのような表現になりますか？

④工夫できることはありますか？

①アサーティブになりやすい相手は？

②アサーティブになりやすい状況は？

③どのような表現になりますか？

④工夫できることはありますか？

第7章　1on1のステップ①　メンバーと信頼関係を築く

Column 7

何が見えますか?

下に書かれているものを少しの間見てください。何が見えるでしょうか?

　同じものを見ていても、場所や立場が違っていると異なるものが見えてきます。右側からみると「9」に見えます。左側からみると「6」に見えます。下側からみると「の」に見えます。同じものであっても、能力や経験、立場や役職によって見えるものが異なります。

　1on1やアサーションをするときは、いったん相手の立場に立ってみましょう。相手の立場に立ってみると、何が見えているのか、何を考えているのか、何を感じているのかを理解できることがあります。相手を理解することで、受け入れたり、認めたり、共感することができます。

　コミュニケーションでお互いが自分の立場から見えたものを一方的に押しつけあうと、口論になりやすく人間関係が不安定になります。どちらが正しいか対決するよりもお互いの考えや気持ちを理解し合い、協力して一緒に問題を解決することが重要です。

第8章

1on1のステップ②
メンバーの思考を
促進する

1on1の大きな目的として行動の変化がありますが、そもそも思考が変化しなければ行動は変化していきません。この章では、成長や成果を促進するための対話の段階となる、信頼の構築・思考の促進・行動の後押しの3つのステップから、2つめの『思考を促進する』に焦点を当て、価値観や物事の捉え方などの自己理解や、理想の未来やそこでのありたい姿を描くことで意欲を喚起していく方法について解説していきます。

8-1
思考の土台となる
「Will-Can-Must」

メンバーの成長を支援していく上で、なによりも大切なのはメンバーに対する理解です。ここでは就職活動やキャリアコンサルティングなどで広く利用されている自己理解のフレームワーク「Will-Can-Must」を使い、思考を促進するための土台となる考え方を学んでいきます。

Will-Can-Mustを整理してメンバーを深く理解する

●思考を促進するための土台「Will-Can-Must」

メンバーの思考を整理し、それを促進していくために活用できる考え方が、キャリア開発などで広く使われている**Will-Can-Must**の**フレームワーク**です。フレームワークとは、考え方の基本構造であり、考えを整理する骨組みのようなものです。

Willは「**やりたいこと**」、Canは「**できること**」、Mustは「**やるべきこと**」を意味しており、Willの「やりたいこと」とは、メンバーの中にある夢や目標、理想とする未来像といった、人生を通じて実現していきたい「**ありたい姿**」です。

Canの「できること」とは、メンバーが保有している能力やスキル、知識や技術、さらには性格的な強みなど、仕事や人生の選択肢を広げてくれる資源（近年は資本とも捉える）や要素です。

Mustの「やるべきこと」とは、会社や社会の中で求められ、期待される責任や義務、役割であり、会社であれば目標達成や人材育成、家庭であれば経済的責任や子育てなどといった「**あるべき姿**」です。

この3つの要素を洗い出し、明確にしていくことがメンバーの思考を促進する土台となっていきます。

●Will-Canは焦点が当たりにくい

多くの会社が目標設定のための面談などを通じて、その年の達成すべき目標を決めるなど、責任や役割を明確にしています。つまり、ビジネスパーソンであれば日常的にMustの「やるべきこと」について意識を向けているといえるでしょう。

　それでは、メンバーのありたい姿であるWillや、資源となるCanについてはどうでしょうか？

　一般的な面談の中で話し合われる目標設定や役割といったMustと比べると、そこまで重視されておらず、常々意識していると答える方は多くないのではないでしょうか。

　これらWillやCanの要素を言葉にして洗い出し、バランスをとれるようになると、メンバーの仕事へのモチベーションや満足感が高まっていきます。

　そのため、1on1ではメンバーのWill「やりたいこと」とCan「できること」に焦点を当てるのが重要となるのです。

Will-Can-Mustのフレームワーク

Will
やりたいこと

夢や目標・理想の未来像
などの「ありたい姿」

Can
やれること

能力やスキル
性格的な強みなどの
「資源」

Must
やるべきこと

責任や義務
求められる役割
などの「あるべき姿」

Will-Can-Must の各要素を洗い出し、整理してバランスをとることにより、
メンバーのモチベーションや満足感を高め、思考を促進できる

● Will-Can-Mustの拡大と明確化を支援する

　Will-Can-Mustの3つの円はメンバーの状況によって、その大きさや輪郭の明確さが変化します。円が小さかったり、ぼんやりとした曖昧な状態だと、要素が重ならず、図のようなバランスの崩れた状態となってしまいます。

　そのため、1on1を通じてWill-Can-Mustの各要素を言語化して整理したり、能力開発を支援したりするなど、バランスが整うよう注意します。

　Will-Can-Mustの考え方は、上司がメンバーを理解することはもちろんですが、同時にメンバー自身も自己理解を深める良い機会となります。そのため、1on1ではメンバーのWill-Can-Mustの状態を把握しながら、お互いの理解を深めていきましょう。

3つの要素を大きくする

成長を支援

各要素が小さいため重なりがつくれない

・状態
Will「やりたいこと」が曖昧で目標がない
Can「できること」が少なく質が低い
Must「やるべきこと」の責任を負えていない
それぞれの円が小さく、重なりができていないため、モチベーションが低く満足いく活動がしにくい

各要素が大きいため重なりができている

・状態
Will「やりたいこと」が具体的で目標も高い
Can「できること」の幅が広く質が高い
Must「やるべきこと」の責任を負えている
それぞれの円が大きくなり、重なりができているため、モチベーションが高く満足いく活動がしやすい

3つの要素のバランスを取る

Must「やるべきこと」が曖昧

・状態
やりがいや満足感は高いが、会社が求める成果につながっておらず、評価がされにくい状態。面談を通じて、目標や評価などのあるべき姿を明確に伝えて、責任や役割に意識を向けることでバランスをとっていく必要がある。

・対話例
「目指すべき目標は○○です」
「あなたの評価は○○です」

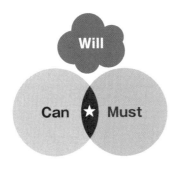

Will「やりたいこと」が曖昧

・状態
仕事の成果は出やすいが、長期的にこの状態が続くと次第にモチベーションが下がり、夢や理想を追いかけたくなってくる状態。1on1の中でありたい姿や価値観を明確にし、社内キャリアと紐づけながらバランスをとっていく必要がある。

・対話例
「将来どのように生きて行きたいですか？」
「理想の未来が訪れるとしたらどうなっていますか？」

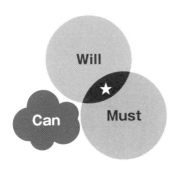

Can「できること」が曖昧

・状態
やる気があり、責任感も強いが、能力や経験が足りておらず、空回りして成果に繋がりにくい状態。
1on1や面談の中で、保有している能力やスキル、性格的な強みなどの資源を明確化した上で、不足している領域を能力開発で伸ばしてバランスをとっていく必要がある。

・対話例
「どのような経験を積んできましたか？」
「得意なことはなんですか？」

8-2

ありたい姿を共に描く

メンバーがWill「やりたいこと」を具体的に思い描けると、そのイメージが源泉となってモチベーションが高まり、様々な活動の原動力となります。ここでは包括的なWillとなる「ありたい姿」の説明と、それを呼び起こす方法を紹介いたします。

メンバーの可能性を信じて「ありたい姿」を呼び起こす

●「ありたい姿」とは

1on1では上司がメンバーの思考を促進していくことで、目指す先やそのための道すじが明確になり、モチベーションも高まっていきます。思考を促進していくための最初の一歩は、メンバーの「**ありたい姿**」を呼び起こすことです。上司が期待する、あるべき姿やあってほしい姿ではなく、メンバー自身が実現したいと思うような理想の未来像です。夢や目標と言い換えてもよいでしょう。

この「ありたい姿」がメンバーの中で明確にイメージできていると、日々の業務の中に意味や価値を見いだしやすくなり、人生が前進しているというポジティブな実感や達成感が得られるようになります。

● メンバーの内なる可能性を信じる

メンバーが心の内に秘めている「ありたい姿」は、本人であっても顕在化、言語化されておらず、明確に認識できている人は決して多くありません。だからこそ、1on1の対話を通じて、メンバーの中に眠る「ありたい姿」を丁寧に呼び起こすことが重要です。「ありたい姿」を呼び起こす上では、まず上司がメンバーの中にある力強いエネルギーや無限の可能性を信じることが大切です。その信じる姿勢によって、メンバー自身も自分の可能性を信じられるようになるのです。

×メンバーの可能性に懐疑的な対話例

メンバー：「将来的に、私が企画とデザインをした商品を、国内外の大人から子供まで広く使ってもらいたいと思っています」

上司：「今のあなたの能力だと、商品企画やデザインは任せられないですね。あと、うちの商品は子供向けではないので、その点は考え直したほうがよいと思います」

メンバー：「…そうですよね。もう少し現実的になって考え直してみます」

○メンバーの可能性を信じる対話例

メンバー：「将来的に、私が企画とデザインをした商品を、国内外の大人から子供まで広く使ってもらいたいと思っています」

上司：「大人から子供まで多くの人に使ってもらいたいのですね、どんな企画やデザインにしたいと考えているのですか？」

メンバー：「実は、子供の頃から植物が好きなので、花や木をあしらったデザインを考えていて…」

　このように、まずは上司がメンバーの可能性を信じていなければ、メンバー自身も自分のありたい姿を自由にイメージすることはできません。

　相手と目線を合わせた共感的な態度でメンバーの思いを受け止め、その上で、メンバーの内なる可能性を信じて「ありたい姿」を呼び起こす質問を心がけましょう。

「ありたい姿」を呼び起こすための質問例

・将来どのように生きていきたいですか？

・5年後どのような自分になっていたいですか？

・これからの人生を使って取り組んでいきたいことは何ですか？

・いくらでもお金が使えるとしたら何をしたいですか？

・100%の成功が約束されているとしたら何をしますか？

・理想の未来が訪れるとしたらどうなっていますか？

●質問によって「ありたい姿」を共に描く

　メンバーの「ありたい姿」を具体的、体験的に描いてもらうためには、4章で紹介した質問の技術を活用していくことが効果的です。

　　　　上司：「将来どのようになっていたいですか？」（パワフルクエスチョン）

　メンバー：「将来ですか？　この先どうしていくかは自分でも迷っています」

　　　　上司：「もしも、理想の未来が訪れるとしたらどうなっていたいでしょうか？」
　　　　　　　（リフレーミング）

　メンバー：「そうですね、理想で言うならアートに関わる仕事をしたいですね」

　　　　上司：「もう少し詳しく教えてください」（深める質問）

　メンバー：「アートの事業を立ち上げ、色々なアーティストとコラボできたら最高
　　　　　　　です」

　　　　上司：「誰とどのようにコラボレーションしましょうか？」（5W1H）

　メンバー：「大好きなデザイナーがいるので、デザインの分野でコラボしたいです」

　　　　上司：「コラボしている情景を具体的にイメージしてみてください。どこで何
　　　　　　　をしていますか？」（5W1H）

　メンバー：「ええと、社内でそのデザイナーと新商品のデザインについて相談して
　　　　　　　います」

　　　　上司：「話していてどんな感情が湧いてきましたか？」（感情の声を聴く）

　メンバー：「ああ、なんだかワクワクしてきました！」

　この例では、上司がリフレーミングによって実現性を取り払い、自由に「ありたい姿」を描けるよう支援したことで、メンバーは湧き上がる感情を実感しています。

　ポジティブな感情を実感するのは、「やりたい」という内発的動機に繋がり、高い意欲が湧いてきます。

　もし、メンバーにポジティブな感情が湧いてこない場合は、「ありたい姿」ではなく、上司が期待する「あるべき姿」になっている場合があり注意が必要です。

　また、「好景気で会社が儲かり給料が倍になってほしい」のような、メンバー自身の変化、成長とは関係のない「あってほしい状況」ではないことにも注意しましょう。

●「ありたい姿」が組織の成果と相反する場合

自由に「ありたい姿」をイメージしてもらうと、時には上司や組織が期待する「あるべき姿」と相反してしまいます。例えば、メンバーから「会社をやめたい」と言われたらどうすれば良いのでしょうか?

×手段に焦点を当てた批判的な対話例

メンバー:「私のありたい姿は、会社をやめて海外留学することです」
　　上司:「ちょっと待ってください、会社を辞めるなんて言われたら困りますよ」
メンバー:「そうですよね(こういった話はしないようにしよう)」

○目的に焦点を当てた受容的な対話例

メンバー:「私のありたい姿は、今すぐに会社をやめて海外留学することです」
　　上司:「海外留学をして何を手に入れたいのでしょうか?」(目的)
メンバー:「自分の中に未知の世界に踏み出したいという思いがあるのです」
　　上司:「未知の世界に踏み出したいという思いが目的であれば、会社として支援できることもあるはずなので、まずはそこから一緒に考えてみませんか?」(新たな視点)
メンバー:「そうですね! お願いします」

メンバーの「ありたい姿」が組織の期待と相反しても、批判をせず、受容的にその思いを受け止めるのが大切です。メンバーの選択は、その先にある目的にたどり着くための手段なのです。そのため、新たな視点を提供し、まだ気づいていない選択肢を共に見つけていくのがよいでしょう。

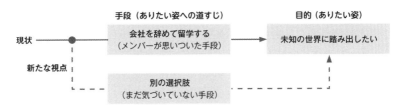

「ありたい姿」へのロードマップ

手段(ありたい姿への道すじ)　　目的(ありたい姿)

現状 ── 会社を辞めて留学する(メンバーが思いついた手段) → 未知の世界に踏み出したい

新たな視点 ── 別の選択肢(まだ気づいていない手段)

※新たな視点を提供しながら、「ありたい姿」だけでなく、その道すじも共に描いていく

8-3

価値観を理解して尊重する

価値観はメンバーの考え方や感じ方に大きな影響を与える根源的な要素であり、行動指針となるものです。「ありたい姿」を描く上でも価値観への理解は欠かせません。ここでは、メンバーとの対話を通じて価値観を見つけ出すための方法について扱っていきます。

価値観はメンバーの思考に大きな影響を与える行動指針

● 価値観とは

みなさんは、自分の中にどのような「価値観」があるのかを知っていますか？

自分自身はもちろん、目の前の相手がどのような価値観を持っているかを知ることは、より良いコミュニケーションを行う上でとても重要であり基本的なことです。

例えば、水泳を好んで続ける人の中には「厳しい練習を行い、水泳大会で優勝したい」という目標の達成を大事にする人がいれば、「自分のペースで水泳を続けて、日々の活力を手にしたい」という健康を大事にする人など様々な価値観があります。価値観は、その人が何に価値を感じるのかを決めている判断基準であり、その人の考え方や感じ方、行動やモチベーションに大きな影響を与える根源的な要素です。価値観はその人を取り巻く環境や人物の影響を受けながら、長い時間と深い体験の中で形づくられてきたものであるため簡単に変化するものではありません。そのため、価値観を受け入れて尊重することは、金銭などの経済的な価値よりも大きな報酬となる場合があることを理解しておきましょう。

● メンバーの価値観を理解して尊重する

メンバーの価値観に合う仕事は、大きなやりがいが生まれモチベーションや満足感が高まるなど様々な面で良い影響を与えます。一方で、価値観に合わない仕事は、やりがいが感じられず退屈なものとなってしまうでしょう。

とはいえ、現実的な問題として、メンバーの価値観に合った仕事を提供し続けられるとは限りません。

それでも、上司がメンバーの価値観を理解し、尊重する上司とそうでない上司

との違いは、些細なコミュニケーションの積み重ねによって浮き彫りになり、与える印象や信頼関係にも大きな差が生じるでしょう。

　価値観は人の行動指針であり、それを理解し尊重することは、メンバーのモチベーションや主体性・自律性に良い影響を与えます。

●価値観の種類

　社会心理学者であるシャローム・シュワルツの研究では、人の価値観は大きく10の要素にわかれているといわれています。

権力（富や権力）	達成（能力や成功）
快楽（快楽主義や楽しさ）	刺激（興奮や挑戦）
自立（自由や創造性）	普遍性（平等や自然）
慈善（福祉や寛容）	順応（規律や規範）
伝統（文化や宗教）	安全（調和や安定）

　研究の中ではさらに価値観が細分化され、それらの要素が相互に影響しあっているとされています。つまり、人の価値観は複雑であり、それを理解するのは簡単ではないということです。

　また、人は自分が持つべきだと考える理想的な価値観や、他人に期待される価値観の影響を受け、それに適応しようとします。さらに、両親や他の影響力のある人たちから「あなたはこうあるべきだ」という教えを受けることで、他人の価値観を内面化してしまうこともあります。そのため、本人がその価値観を受け入れているつもりでも、不思議とやりがいや充実感が得られないという場合もあります。

●価値観のニュアンスは人それぞれ

　人の価値観は川辺にある小石のようなもので、どれも同じように見えたとしても、それぞれが微妙に違った風合いやニュアンスを持っています。例えば、「もっとお金が欲しい」「経済的に満たされたい」「儲けられるようになりたい」といった願望は、いずれも同じ価値観のようですが、それぞれにニュアンスの違いがあるため相手が発したニュアンスを大事にするようにしましょう。

●価値観を言葉にする方法

　それではどうすれば1on1でメンバーの価値観を知ることができるのでしょうか？　価値観を知るためにはオープンクエスチョンによる質問が有効です。クローズドクエスチョンで代表的な価値観の選択肢から選んでもらう方法もありますが、理想的な価値観や他人の期待に左右される可能性があり、微妙なニュアンスが失われることもあります。そのため、以下の質問例のようにオープンクエスチョンで尋ねるのが有効です。

　また、質問だけでなく、メンバーが日々自発的に選択している事柄に共通点を見つけ出し、価値観をあぶり出す方法もあります。

　例えば、メンバーがこだわりを持って使う言葉やキーワードは価値観を明らかにする手がかりになります。また、人生で行ってきた自発的な決断や、尊敬する人、憧れる人の共通点も同様です。つまり、メンバーの無意識的な選択から、価値観をあぶり出していくのです。

●特に大切にしている価値観

　価値観には優先順位があり、特に大事にしたいと思う価値観が存在します。メンバーの価値観が複数でてきたら、それぞれに優先順位をつけてもらうことで、メンバーが特に大事にしている価値観が明らかになります。

方法１：価値観を見つけるための質問例	
仕事	・情熱をもって仕事をするためには何を大事にしていたいですか？ ・仕事をする上で常にこだわっていたいことは何ですか？ ・大事なことを決める場面で大切にしている軸は何ですか？
人間関係	・他人と関係を築く上で大切にしていたいことは何ですか？ ・充実した人間関係に欠かせない要素は何ですか？ ・気が合う相手が共通して持っている特性は何ですか？
人生	・人生で最も大事にしなければならないことは何ですか？ ・どのようなことに時間を費やしていると満足できますか？ ・財産を失ってでも大事にしたいものがあるとしたら何ですか？

方法２：共通点から価値観をあぶり出す

■メンバーがこだわりを持って使う言葉やキーワード

メンバーが日常の中でこだわりを持って使っている言葉やキーワードを、観察や対話の中からみつけだし、その言葉が価値観と繋がりがあるかを確認する。

上　　司：「対話の中で冒険という言葉がよく出てきますが、そこにはどんな思いが込められていますか？」

メンバー：「自分の人生を未知の世界への冒険だと捉えるとわくわくしてくるんです」

■メンバーの過去の選択や行動から見つける

これまでの人生で、大きな充実感を感じた出来事や、時間を忘れて取り組んだことを思い起こしてもらい、どのような点にやりがいを感じたのか思い起こしてもらう。

上　　司：「これまでで時間を忘れるほどやりがいを感じたのはどんな場面ですか？」

メンバー：「ボランティアのときです。人を支えて感謝されることに喜びを感じました」

■尊敬する / 憧れている人物の共通点を導き出す

メンバーが尊敬する人や憧れている人を何人か思い起こしてもらい、そこに共通している要素を導き出す。

上　　司：「その人のどのような所に尊敬や憧れを感じますか？　その人たちに共通することはありますか？」

メンバー：「好きなアーティストに共通しているのは、誠実で真剣ということですね」

優先度が高く特に大切にしている価値観を知る

質問や共通点によって出てきた価値観に優先順位をつけることで、特に大切にしている価値観がわかってきます。
上の例では、「人を支えて感謝される」「未知の世界への冒険」「誠実で真剣である」といった価値観（あるいはそれに近いもの）が見えてきたことから、それらを並べて優先順位をつけてもらうことにより、メンバーが特に大切にしたい価値観、つまり、モチベーションや自律性に大きな影響を与える行動指針の要ともいえるような価値観が見つけられます。

優先順位１「人を支えて感謝される」
優先順位２「未知の世界への冒険」
優先順位３「誠実で真剣である」

第8章　1on1のステップ②　メンバーの思考を促進する

223

8-4

「やりたい」と「やりたくない」は表裏一体

「やりたいこと」は重要ですが、誰もが自分のやりたいことを正確に把握しているわけではありません。ここでは、「やりたいこと」と表裏の関係にある「やりたくないこと」を手がかりにして、「やりたいこと」を探し出す方法を説明します。

「やりたくないこと」から話してもらい「やりたいこと」へと発展させる

● やりたいとやりたくないの表裏関係

「将来は何をやりたいですか？」「やってみたい仕事は？」といった、メンバーのやりたいことに焦点を当てる質問は、相手を尊重する1on1での基本的なアプローチの一つです。

しかし、相手によっては「特にやりたいことってないんですよね…」や「何がやりたいのかわからなくて」と言われ、話が進まなくなることがあります。

信頼関係があるにもかかわらず、こうした返答になる主な原因として、メンバー自身が自分の思いや考えを整理できていないことが挙げられます。そのため、内に秘めた価値観や動機をうまく言葉にできないのです。

このような場合、「では、やりたくないことは何ですか？」といった逆の観点からの質問が有効です。

通常、「やりたいこと」を言葉にできない相手でも、「嫌なこと」「やりたくないこと」は答えられるためです。

なぜ「やりたくないこと」を言葉にしてもらうのが有効なのでしょうか。実は「やりたいこと」と「やりたくないこと」は表裏一体の関係であり、「やりたくないこと」が見つかれば、その裏側にある「やりたいこと」も言葉にしやすくなるからです。

●「やりたくない」から「やりたい」へ

例えば、メンバーが「単純作業は嫌なんです」と言ったら、「それでは、単純ではない作業ってどのようなものが思い浮かびますか?」と尋ねることができます。すると、「そうですね…何か新しいものを生み出すことです」と話が進むため、「つまり新しいものを生み出すような事をしたい?」と、「やりたいこと」へと発展させられるのです。以下の対話例を見てみましょう。

上司:「Aさんは将来どのような仕事がしたいですか?」(**やりたいこと**)

メンバー:「そうですね…自分でも何がやりたいのかを考えるのですが、正直よくわからないんです。他の人たちほど、やりたいことがないのかもしれません」

上司:「そうですか、では逆にこんな仕事はやりたくないというのはありますか?」(**やりたくないこと**)

メンバー:「やりたくないのは…えっと、体が弱いので肉体労働はやりたくないですね。それと、朝早く起きるのが苦手なので、早朝勤務の仕事は避けたいです」

上司:「なるほど、肉体労働や朝の早い仕事は避けたいのですね。では、肉体労働ではない仕事として思いつくのはどのような仕事ですか?」

メンバー:「現在自分が担当している発送管理はデスクワークなので肉体労働ではないです」

上司:「では、発送管理で嫌なことや、できればやりたくないことはありますか?」

メンバー:「今の仕事は技術的な向上があまりないので、将来を考えると少し不安になります」

上司:「Aさんがこの先楽しく働くためにはどんなことが必要なんでしょうか?」

メンバー:「うーんと…もっと技術的な向上ができる仕事をしてみたいです」

上司:「例えばどんな仕事ですか?」

メンバー:「開発や企画の方にも関わってみたいという気持ちがあります」

8-5
ポジティブな思考で
出来事を捉える

ある出来事に直面したとき、それをどのように受け止め、行動をするかは人それぞれで
違っており、そこには認知の仕方が大きく影響をしています。ここでは認知と行動の関
係と共に、認知に影響を与える自己肯定感と自己効力感について学んでいきます。

ポジティブな認知によって自律的な行動を引き出していく

● 認知によって行動が変わる

　高い目標が課せられたとき、その目標を肯定的に受け止めて自律的に動き出せ
る人と、否定的に受け止めてなかなか動き出せない人がいます。技術力に差のな
いメンバー同士であってもこのようなことが起きるのは、行動を決定づける「**認
知（頭に浮かぶ考えやイメージ）**」に違いがあるためです。人はある出来事に直面
したとき、その人特有の認知が生まれ、感情や身体反応とも相互に影響しながら、
最終的な行動が決まります。

　例えば、営業先でのちょっとしたミスで、お客さんに怒られるという出来事があっ
たとします。ネガティブなAさんは、その出来事を「自分は本当に無能だ…」とい
う落胆の認知として受け取り、イライラと不安の感情、冷や汗と脱力の身体反応
が生じ、その結果、その日は公園のベンチでぐったりと過ごすことになりました。
対照的に、ポジティブなBさんは「こんなこともあるさ」という前向きな認知で出
来事に対処し、すぐに次の営業先に向かいました。

　認知・感情・身体反応・行動という要素の内、感情と身体反応は無意識的な反
応であるため直接的にコントロールができません。そのため、認知の仕方が、そ
の人の行動を決定づけているといえるでしょう。

● ポジティブな認知のための考え方のクセ

メンバーに自律的な行動を起こしてもらうためには、ポジティブな認知をもってもらうことが大切です。認知の仕方は、その人の考え方のクセや価値観など様々な要素の影響を受けますが、ここでは認知に大きな影響を与えている、**自己肯定感**と**自己効力感**について扱います。

自己肯定感とは、他人と比較することなくありのままの自分を肯定することで、「まあいいか」と、できない自分をも受け入れる受容的な感覚です。

また、自己効力感とは、自分が困難を乗り越える力を持っているという心理であり、「自分ならできる」という自信のような感覚です。

これら2つの考え方のクセが変化すると、メンバーは自分自身の失敗を恐れず、ポジティブな認知、つまり自律的な行動に繋がってきます。

自己肯定感と自己効力感はいずれも人生の様々な体験によって形成されるため、変化しにくい部分もありますが、1on1を中心とした上司との対話によって高められる要素なので積極的に取り組んでいきましょう。

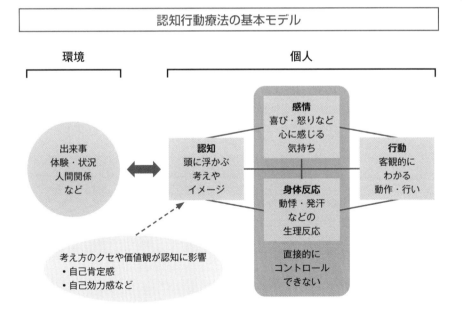

認知行動療法の基本モデル

第8章　1on1のステップ②　メンバーの思考を促進する

●自己肯定感を高める

　自己肯定感を高めるためには、上司がメンバーの存在を認めて、尊重する態度を示し、その態度がメンバーに伝わっていることが大切です。そのためには、1on1で傾聴を行い、受容的・共感的な関わりを継続して示すのが良いでしょう。

　また、認知のクセも自己肯定感の低下に繋がる場合があります。認知のクセとは、極端な誇張や偏った解釈など合理的ではない認知の傾向で、精神科医のデビッド・D・バーンズは以下の10パターンを挙げています。

　認知のクセは本人でも気がついていないことが多く、以下の対話例のようにフィードバックをしながら、「自分の考え方は偏っているのかもしれない」と思う程度の客観視を支援しましょう。直接的に「あなたの認知はゆがんでいる」などと言わずに、アサーティブなやりとりを心がけてください。

　上司はカウンセラーではないため、認知のクセを無理に正そうと思わずに、傾聴を通じてフラットな認知を支援してください。

認知のクセをフラットにする対話例	
全部か無しかの思考	白か黒、0か100、完璧か失敗など両極端にものごとを考えてしまう 質問例:「白か黒だけでなくグレーの選択肢もあると思いませんか?」
極端な一般化	一部の事象を一般化して「いつもこうだ」と捉えてしまう 質問例:「本当にいつもそうなっているのですか?」
心のフィルター	小さなミスなど一部のよくない出来事にこだわりすぎてしまう 質問例:「良いこともあれば悪いこともあると思いませんか?」
マイナス思考	些細なことやポジティブな事でもネガティブ化して捉えてしまう 質問例:「良い出来事であれば一度素直に受け取ってみませんか?」
論理の飛躍	他人の心の読みすぎや誤った先読みなど根拠なくネガティブに捉えてしまう 質問例:「そう思った理由があるのですか? 深読みし過ぎでは?」
拡大解釈と過小評価	事実の通りではなく失敗を過大に捉えたり、成功を過小に捉えてしまう 質問例:「失敗を大きく捉えすぎていませんか?」
感情の理由付け	自分の思いや感情が事実を証明する決定的な根拠のように考えてしまう 質問例:「感情だけで決めてしまっていませんか?」
すべき思考	「〜すべき」「〜せねば」など役割や理想にこだわりすぎてしまう 質問例:「やるべきことだけでなくやりたいことも考えてみませんか?」
レッテル貼り	自分や他人に「負け組」など極端に一般化されたレッテルを貼ってしまう 質問例:「レッテルを貼らずにその人を見てみませんか?」
自己関連付け	自分に関係のない問題でも「わたしのせいだ」と自分のせいにしてしまう 質問例:「本当にあなたのせいなのでしょうか?」

● 自己効力感を高める

　心理学者のアルバート・バンデューラは自己効力感を高めるために、**達成体験、代理体験、言語的説得、生理的/情緒的喚起**の4つの要素が影響すると説いています。達成体験とは、自分自身が過去に何かを達成したり成功したりした体験があること。代理体験とは、身近な他人が何かを達成したり成功した姿を観察していること。言語的説得とは、能力があることを褒められたり認められたりすること。生理的/情緒的喚起とは、心身の状態や気分の高揚のことです。

　以下の対話例を参考にしながら1on1や日々の業務の中で取り入れることにより、メンバーの自己効力感を高められるでしょう。

　このように、自己肯定感と自己効力感を高め、考え方のクセを少しずつ変えていくことで、次第にポジティブな認知が生まれ、前向きで自律的な行動に繋がります。考え方のクセは日々のコミュニケーションを通じてゆっくりと変化していくものですので、焦らずにじっくりと向き合うようにしてください。

自己効力感を高めるための対話例

達成体験	メンバーの過去の経験から、目標の達成や成功した体験を思い出して振り返りながら、その達成要因を振り返って言語化してもらう 質問例：「小さくてもよいので自分なりに達成できた経験を教えてください」 「それが達成できたのは、どんな考え方や行動があったからですか？」
代理体験	身近で何らかの達成や成功をした人を見つけて観察してもらい、どのような過程で、なぜやり遂げられたのかを言語化して取り入れてもらう 質問例：「その人が成功したのはどのような考え方や行動があったからですか？」
言語的説得	メンバーの考え方や行動、能力をポジティブに捉えて承認し、達成や成功に向けてそれが有効であることを伝える 質問例：「前進していますね！　あなたならきっと出来ますよ！」
生理的/情緒的喚起	心身の状態や周囲の状況を整えて、メンバーがやり遂げられる状態であることを意識させる 質問例：「チーム全員であなたを応援していますよ！」

8-6

経験からの学びを促進する

メンバーの過去の経験から学びを引き出すことは、1on1の重要な目的の一つです。ここでは経験・内省・概念化・実践の4つの要素をサイクルさせることで気づきや教訓といった学びを促進させる経験学習モデルについて学んでいきます。

経験学習を促して新たな気づきや学びを促進する

● 経験からの学びを促進する経験学習モデル

　1on1の重要な目的の一つに、メンバーの過去の経験から学びを得て、次に活かしていくことがあります。

　経験から学びを得るための考え方として、組織行動学者のデービッド・コルブが提唱した「**経験学習モデル**」があります。経験学習モデルは、**経験・内省・概念化・実践**の4つの要素で構成されています。過去の具体的な経験を振り返り、そこから得た気づきや教訓を次回に取り入れ、考えや行動を修正していくことを目的としたサイクルモデルです。1on1で取り入れる上では、メンバーの過去の業務や活動を振り返り、その成功や失敗に関わらず、「また同じ状況になったら今度はどうしますか?」のように内省を促して、気づきや教訓が得られるよう支援をしていきます。

　この経験学習のサイクルが繰り返されることで、メンバーの考え方や行動が修正され、成長につながります。

● 経験学習モデルを活用した対話例

　　　上司:「今回の案件で印象に残っているのはどんな場面ですか?」(経験)

　メンバー:「そうですね、やはり大口顧客であるC社の担当者の方と納品物の品質で揉めてしまったことです」

　　　上司:「この一件を自己採点するとしたら何点でしょうか?」(内省)

　メンバー:「いやあ、最初は上手くいっていたつもりだったのですが、フタを開けてみたら担当者の方と見ている方向がまったく違っていたので、まあ30点というところでしょうか」

　　上司：「また同じ案件が入ったら今度はどうしますか？」（概念化）

メンバー：「うーん…まずは担当者さんの立場に立った上で、事前に目線を合わ
　　　　　せておくことですね」

　　上司：「良い気づきですね！　具体的に次の案件から何を変えましょうか？」
　　　　　（実践）

メンバー：「ヒアリングシートを作って、最初に担当者の方と認識を合わせるよう
　　　　　にしてみます」

　　上司：「いいですね、実行したら結果を教えてください」

デービッド・コルブの経験学習モデル

経験
行動から具体的な経験を得る

質問例：「この業務で直面した問題や
困難は何でしたか？」

内省
経験したことを多面的に振り返る

質問例：「その問題をどのように乗り
越えたのでしょうか？」

実践
得た教訓を新たな場面で試してみる

質問例：「そのポイントは今後どのよ
うな場面で活かせるでしょ
うか？」

概念化
振り返りから気づきや教訓を得る

質問例：「この経験を次回に活かすと
したら、何がポイントになり
ますか？」

Column ⑧
ジョブ・クラフティングとは?

1on1と同様、リモートワークの拡大や自律した人材への期待を背景に注目されている考え方として「**ジョブ・クラフティング**」があります。

エンゲージメントを向上させるための取り組みとして、1on1と併せて語られることもあるため、ここで簡単に紹介いたします。

ジョブ・クラフティングは、米国の経営学(組織行動論)研究者であるレズネスキーとダットンによって提唱された概念で「個人が自らの仕事のタスク(業務)境界もしくは関係的境界においてなす物理的及び認知的変化」と定義されています。

「クラフト(craft)」には、工芸品や手作りといった意味があり、職人が素材の性質を活かしながら、こだわりを持ってモノ作りをするニュアンスがあります。

つまり、働く個人が主体的に仕事や人間関係を変化させ、自分だけの仕事(ジョブ)を作り上げて(クラフト)、やりがいや満足度を高めていくという考え方です。

ジョブ・クラフティングでは、自分の仕事や働き方を変えていくために、以下の3つの形式があるとされています。

1on1の中に、ジョブ・クラフティングの考え方を取り入れて対話をしてみるのもよいでしょう。

形式	すぐに始められるジョブ・クラフティングの例
業務クラフティング (業務の内容や方法 などの変化)	・ルーチンワークをいつもと別の方法で行う ・同僚のためになることを何か、毎日別の形でする ・新しいプロジェクトへの参加に手を挙げる
関係性クラフティング (人との関係性の 質や量の変化)	・職場の友人と昼食をとる ・同僚について何か新しいことを知る ・何らかのチーム活動に参加したり、そうした活動を始めたりする
認知的クラフティング (仕事に関わるものの 見方の変化)	・自分が助けたり関わっている人々や顧客についてもっと知る ・自分の個人的な価値観を探り、それが自分の仕事とどのように結びついているかを考える ・自分の仕事の、より広い組織目的を探る

出典:髙尾 義明(2021)『「ジョブ・クラフティング」で始めよう 働きがい改革・自分発!』日本生産性本部 生産性労働情報センター を基に筆者作成

第 9 章

1on1のステップ③
メンバーの行動を
後押しする

1on1の大きな目的は行動の変化です。内発的な動機に
よる意欲的な行動が個人の成長を促進していきます。こ
の章では、成長や成果を促進するための対話の段階とな
る、信頼の構築・思考の促進・行動の後押しの3つのス
テップから、3つめの『行動を後押しする』に焦点を当て、
GROWモデルを使った目標達成や問題解決のアプローチ
について解説していきます。

9-1

目標と現状のギャップを測る

1on1の一つのゴールはメンバーの行動の変化です。メンバーが目標やありたい姿に向けて主体的に行動していくためには行動計画に関わる要素を理解して整理しておく必要があります。ここでは目標と現状のギャップを測り、目標達成のための行動を後押しするための考え方であるGROWモデルについて説明していきます。

目標と現状のギャップから問題を見つけて行動する

●旅行に出発するときに決めておくべきこと

次の大型連休に友人とどこかへ旅行をするとしたら、出発するために何を決めておく必要があるでしょうか?

まず最初に決めるのは目的地です。あてのない旅行も魅力的ですが、見てみたい景色や食べたい料理など、やりたいことがあれば自ずと目的地が決まります。

友人とガイドブックを見ながら行き先について楽しく考えるのもよいでしょう。

目的地が決まれば、出発点からの距離や所要時間などの大まかな道のりを考えられます。道のりがわかれば、交通手段はどれか、宿泊施設はどこか、持ち物は何か、予算はどれくらいかかるのかなど、出発に向けて計画を具体的に立てられるようになります。

旅行の計画と実行は、1on1でメンバーの行動を後押しするプロセスとよく似ています。つまり、目標と現状のギャップを測り、それを埋めるための具体的な手段を決めて実行に移すということです。

●目標と現状から行動計画を立てる

1on1では、メンバーとの信頼関係を築き、内に秘めた考えや思いを引き出すだけでなく、そこからメンバーの達成したい目標に向けて行動を後押ししていくことが大切です。1on1を単なる雑談で終わらせないためには、目標に向かう具体的なプロセスを考えた**行動計画**を意識的に立てる必要があります。

やたらに思いついた行動をするだけでは、望む目標に近づいていきません。メンバーの行動を後押しするためには、上司が伴走者となり、以下の行動計画のための要素を整理することが重要です。

① **目標**　目指すゴール。たどり着きたい目的地
② **現状**　現在の状況。出発点となる現在地
③ **問題**　目標と現状のギャップ。目的地にたどり着くまでの道のり
④ **課題**　ギャップを埋めるステップ。道のりを進むためにやるべきこと
⑤ **行動**　課題を乗り越えて問題を解決するために行う具体的なアクション

　友人と旅行の計画を練るように、上司とメンバーで対話をしながら行動計画を整理することで、目標達成に必要となる具体的な行動が見えてきます。
　この行動計画の構造を発展させた考え方として次頁の「**GROWモデル**」があります。

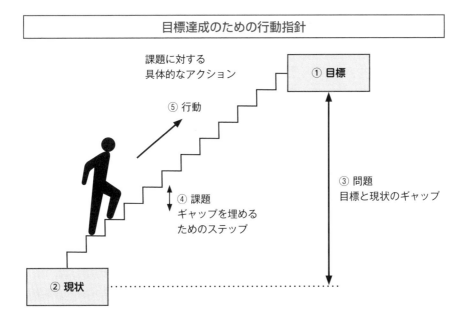

目標達成のための行動指針

課題に対する
具体的なアクション

⑤ 行動

① 目標

④ 課題
ギャップを埋める
ためのステップ

③ 問題
目標と現状のギャップ

② 現状

●目標達成を支援するためのGROWモデル

　GROWモデルとは**目標（Goal）、現状（Reality）、資源（Resource）、選択肢（Options）、意思（Will）**の頭文字をとった造語で、コーチングの基本的な考え方としても活用されている目標達成のためのフレームワークです。

　GROWモデルの考え方は、1on1においてメンバーの目標達成を支援し、自律的な行動を促すためのアプローチとしても非常に効果的です。

　前頁の目標と現状のギャップから行動を見つけ出していくアプローチとよく似ていますが、以下の通り「資源」「選択肢」「意思」といった要素が加えられています。進め方も同様で、上司とメンバーで対話をしながら、目標から順番に言語化をして整理することによって目標への道筋を具体的に描いていきます。

① **目標**　目指すゴールであり、メンバーの達成したい目標やありたい姿
② **現状**　出発する現在地であり、メンバーの現在の状態や状況
③ **資源**　目標に向かうために活用できるメンバーの能力やスキル、経験や人脈など
④ **選択肢**　資源を活用して目標に向かうための行動の選択肢
⑤ **意思**　目標に向かうための意志や意欲など心理的な要素

●GROWモデルを使った対話例

メンバー：「担当する店舗の改装プロジェクトですが、なんとか成功させたいものの、焦るばかりで何から手を付けたら良いのかわからなくて…」

　　上司：「最終的にどのような状態になるのが理想ですか？」（**目標**）

メンバー：「自分のイメージの通りに店舗の改装が進んで、来店してくれたお客さんたちが、驚いて感動するような店舗にしたいと思っています」

　　上司：「理想的な状態を10としたら、現状はどれくらいですか？」（**現状**）

メンバー：「そうですね、現状は企画書を何度も作り直している状態なので、まだ1〜2という感じです」

　　上司：「成功に向けて活かせる経験や手伝ってくれる人はいますか？」（**資源**）

メンバー：「企画書への客観的な意見が欲しいですね…そういえばB先輩やC部長は過去に同じようなプロジェクトをやっていたので相談してみたいです」

上司：「B先輩ならどのように進めていくと思いますか？」（**選択肢**）

メンバー：「おそらく企画書ばかりに時間をかけず、力を貸して欲しいメンバーに広く声をかけていると思います」

上司：「では、これからどのように進めていきましょうか？」（**意思**）

メンバー：「まずはB先輩とC部長に相談しつつ、前々から手伝ってほしいと思っていた他のメンバーたちにプロジェクトへの参加を呼びかけてみます」

　対話例では便宜的に一問一答の形式をとっていますが、実際の対話では、広げる質問やまとめる質問などを使いながら丁寧に進めていきます。また、必ずしも一回の1on1でGROWモデルの全プロセスを進める必要はありません。複雑な状況や規模の大きな目標に対しては、何度かに分割してプロセスを進めてもよいでしょう。

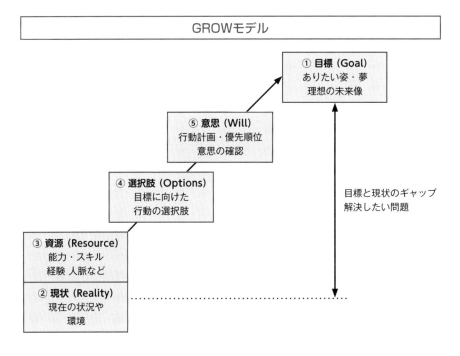

9-2

目標には様々な段階がある

一言で「目標」といっても、そこには様々な段階があります。ここでは、メンバーの目指す先を具体的に理解するために、目的、ゴール・ビジョン、目標、行動計画・アクションプランといった目指す先の段階を見ていきましょう。

目指す先には、目的・ゴール・目標・行動計画など複数の段階がある

●「目標」という言葉には様々な段階がある

ビジネスシーンで日常的に使われている「目標」という言葉ですが、使われる場面や状況により幅広いニュアンスがあります。

例えば、新入社員向けの社長講話では「我が社の目標は人の心の豊かさです」のように、目的や使命のようなニュアンスで使われる場合もあれば、開発部長から「今期は売上倍増のために顧客システムの改善を目標とします」のように、行動計画や問題解決のニュアンスで使われる場合もあります。

もちろん売上目標のように、本来的な意味合いで用いられる場合もありますが、概ね目標という言葉は「目指す先」という程度の曖昧なニュアンスで使われていると思ってよいでしょう。

● 目指す先の段階を理解する

1on1では、メンバーの目標を具体的な行動に落とし込むために、**目指す先の段階**を具体的に理解することが大切です。

右図のように、「目指す先」には複数の段階があります。最も遠くにある本質的な望みが**目的**や**使命**です。その手前に**ゴール**となるありたい姿や夢があります。

それらに向かう上での中間点が、期限があり測定可能な通過点となる、一般的な意味での**目標**があります。その目標にたどり着く具体的な手段が**行動計画**や**アクションプラン**なのです。

●目指す先が遠い場合は中間地点を設定する

例えばメンバーから「私の目標はたくさんの人を笑顔にすることです」と言われたら、どのように行動に落とし込んでいくのがよいでしょうか？

話してくれた内容は、長期的に目指す目的や使命に近いため、「具体的に何をしますか？」と尋ねても考える範囲が広く、メンバーは答えにくいでしょう。

そのため「何を実現すれば、人を笑顔にすることができますか？」や「そこに向かうための最初の到達点はような状態ですか？」など、目的よりも手前の段階をイメージしてもらうと、メンバーも考えやすくなるでしょう。

メンバーの目指している段階を見極め、遠すぎたり抽象的な場合には中間地点を引き出してみてください。

目指す先の段階

目指す先の段階

本質的な望み
長期的な目標

目的
使命・志・ミッションなど向かいたい方向や本質的な望み

ゴール・ビジョン
ありたい姿 夢や理想の未来など、将来達成したい大きな目標

(一般的な) 目標
期限があり測定可能な到達点
ゴールへの通過点でもある

行動計画・アクションプラン
問題を解決して目標にたどり着くための具体的な行動計画

具体的な手段
短期的な目標

第9章 1on1のステップ③ メンバーの行動を後押しする

9-3

やりがいのある目標を設定する

> 目標達成を後押しするGROWモデル。その1つ目の要素が目標（Goal）です。仕事や
> プライベートを問わず、やりがいのある目標が見つかると、自然とモチベーションが湧き、
> 達成に向けて自発的に取り組めるようになります。ここでは、やりがいのある目標を設
> 定するためのSMARTの法則を紹介します。

SMARTの法則を活用してやりがいのある目標を設定する

● 1on1での目標設定

　営業担当であれば受注件数、マーケティング担当であればサイト訪問者数など、多くのビジネスパーソンが達成すべき目標を持っています。目標は進むべき方向を明らかにするだけでなく、その過程が順調かどうかを測る指標になります。また、やりがいのある目標であればモチベーションが高まり、最後のひと頑張りを後押ししてくれるなど、メンバーの成長促進にも繋がります。

　1on1で目標設定をするポイントは、上司が達成させたい目標ではなく、キャリアやスキル、場合によりプライベートでの取り組みなど、メンバーが達成したい目標を設定して支援していくことです。

● 効果的な目標設定

　やりがいを感じる目標を設定するための考え方に**SMARTの法則**があります。

　SMARTとは、目標設定に重要な5つの要素の頭文字を取ったものです。

　メンバーが達成したいと感じる目標が見えてきたら、SMARTの法則を意識した対話によって、目標をやりがいのあるものにしていきます。この5つの要素のうち、価値観との関連付けは非常に重要ですので意識してみてください。

　また、上司とメンバーの信頼関係も重要です。上司に気をつかって設定した目標にはやらされ感があり、次第に形骸化してしまいますので注意してください。

●SMARTを使った目標設定の対話例

上司：「これから取り組んでいきたいことや目標はありますか？」

メンバー：「ITエンジニアとしてスキルアップするために、もっと勉強をしたいと思っています」（**メンバーの目標**）

上司：「もし、本気で取り組んでいく気持ちがあるなら、誰が見ても達成の可否がわかるような具体的な目標にしてみませんか？」（**具体的**）

メンバー：「そうですね、情報技術に関する資格の取得を目標にしようと思います」

上司：「進捗がわかるように数値で測れる指標を作りませんか」（**計測可能**）

メンバー：「数値ですか…それなら参考書を1日5ページ進めていきます」

上司：「やりとげられる目標になっていますか？」（**実現可能**）

メンバー：「そうですね、この分量なら空き時間の中でやっていけます」

上司：「これは自分の価値観やありたい姿と繋がるワクワクしたものになっていますか？」（**関連性のある**）

メンバー：「キャリアに不安を感じていたので、資格を取得してスキルアップした自分のことを考えるとなんだかとてもやる気がでてきます」

上司：「ではいつまでにその目標を達成しましょうか？」（**期限のある**）

メンバー：「ではこの半年を期限にしようと思います」

上司：「次回から状況を教えてください。無理があれば調整していきましょう」

メンバー：「ありがとうございます。やってみます」

SMARTの法則

具体的 (Specific)	主観的で曖昧な目標ではなく、客観的に達成の可否がわかるような具体的な目標にする。最初はプレッシャーにもなるが次第にモチベーションに繋がる
計測可能 (Measurable)	目標の進捗が順調かを判断するため、目標やそのための指標を数値化、明確化するなど計測可能なものにする。状況に応じて再検討することも重要
達成可能 (Achievable)	高すぎる目標はモチベーションを下げてしまうため、現実的で達成可能な目標を設定する。信頼関係があれば勇気づけて高い目標に挑戦する場合もある
関連性のある (Relevant)	メンバーの価値観やありたい姿などやりがいの源泉に関連性のある目標にする。この関連性が薄いと自発性が生まれず形骸化した目標になりやすい
期限のある (Time-bound)	達成までの期限を明確にする。期限が決まることで、何をいつまでにどれくらい進める必要があるのかといった計画が逆算できるようになる

9-4

多面的に現状を把握する

目標達成を後押しするGROWモデル。その2つ目の要素が現状（Reality）です。目標
達成には、多面的な観点で適切に現状を把握することが必要不可欠です。ここでは、現
状分析の代表的な手法であるSWOT分析について紹介いたします。

SWOT分析で多面的に現在の状況を把握・整理する

●代表的な現状分析の手法「SWOT分析」

目標の設定と同様に大切なのは現状を把握することです。例えば見知らぬ土地
で地図を持っていても、現在地がわからなければ目的地までの距離や経路もわか
りません。それと同様に、正しく現状を把握していなければ、目標達成への道筋を
描くことはできないのです。

現状を分析するための代表的な方法として**SWOT分析**があります。SWOT分析
とは企業での事業戦略を考える際や、就職活動での自己分析などでも使われてい
るフレームワークで、**内部環境**と**外部環境**、**プラス要因**と**マイナス要因**の2軸を
使いながら、**強み、弱み、機会、脅威**の4つの視点で多面的に現状を整理する方
法です。

内部環境とは、人材や資産など個人や組織がコントロールできる環境要因であ
り、外部環境とは、社会や市場の変化などコントロールできない環境要因です。

●SWOT分析を使った現状把握の対話例

メンバー：「昨年のプロジェクトで立ち上げた外国人観光客向けの観光支援サー
　　　　　ビスですが、思うようにマーケットシェアが伸びずどうしたらよいか
　　　　　悩んでいまして…」

上司：「シェアが伸びず悩んでいるのですね。目標達成を10だとしたら、現
　　　　状はどれくらいになりそうですか？」（**スケーリングクエスチョン**）

メンバー：「そうですね、現状はまだ3といったところでしょうか」

上司：「進んでいる3の内容を教えてください」

メンバー：「営業部の観光支援サービスに対する理解が進んだことで、団体での
　　　　　導入実績も増え、認知度もあがってきたので3くらいかと思いました」

　　上司：「これからシェアを伸ばしていく上で、活かしていきたいチームの強み
　　　　　は何ですか？」（**現状の強み**）

メンバー：「強みですか…チームの意思決定の早さと開発力の高さ、あとは後発
　　　　　なので競合サービスよりも高機能という点ですね」

　　上司：「では、反対に現状の弱みは？」（**現状の弱み**）

メンバー：「マーケティング活動が弱く、まだまだサービスが知られていないこと
　　　　　です。特に欧米からの観光客には認知されていないんです」

　　上司：「シェアを伸ばす上で追い風になる変化は？」（**現状の機会**）

メンバー：「毎年観光目的の外国人は増えており、これまで以上に多様な国から
　　　　　観光客が訪れています。なので多言語化はカギですね。あ、あと地
　　　　　方都市への観光需要が広がっている点も気になります。何かチャンス
　　　　　がありそうに思います」

　　上司：「なるほど、逆に懸念されるリスクはありますか？」（**現状の脅威**）

メンバー：「訪日観光客は増えているので競合サービスの乱立が怖いです。あと
　　　　　は国家間の関係悪化などが起きると急に観光需要が減ってしまうのは
　　　　　リスクですね」

　　上司：「わかりました。ここまでの話で随分と現在の状況が見えてきましたね」

メンバー：「ありがとうございます！　なんだか現状が整理されてスッキリしました」

SWOT分析による現状把握

	プラス要因	マイナス要因
内部環境	**強み（Strengths）** 活かしたい強みは何ですか？ ・意思決定が早い ・開発力が高い ・高機能なサービス	**弱み（Weaknesses）** 向き合うべき弱みは何ですか？ ・マーケティングが弱い ・欧州での認知度が低い ・マーケットシェアが低い
外部環境	**機会（Opportunities）** どんなチャンスや追い風がありますか？ ・訪日観光客の増加 ・多様な国からの観光客 ・地方都市観光への需要増	**脅威（Threats）** 避けるべき危機やリスクは何ですか？ ・競合サービスの乱立 ・国家間関係悪化による需要減

第9章　1on1のステップ③　メンバーの行動を後押しする

組織と個人のリソース（資源）を引き出す

目標達成を後押しするGROWモデル。その3つ目の要素が資源（Resource）です。ここでは、目標に向かうために活用できるリソース（資源）として、組織のリソースとなる4つの経営資源と、個人のリソースを考える上で役に立つ3つの影響力を紹介していきます。

リソース（資源）を引き出せば困難な目標に道筋を描ける

● 高い山に登るためには

もし、富士山の登頂をするとしたら、どのような装備が必要でしょうか？

防寒着やトレッキングシューズ、登頂経験のあるツアーガイド、さらには自分自身の足腰を鍛え直しておく必要もあるかもしれません。それらを手配するための資金や時間、人脈も必要になります。

もし、世界一標高が高いと言われるエベレストへの登頂であれば、さらに多くの装備や準備が必要になることでしょう。つまり、高い目標を達成するためには、それに応じた能力や時間、資金や資材など多くの**リソース（資源）**が必要となるのです。

● 目標達成に必要となるリソース

ビジネスシーンでも同様です。組織でも個人でも、ある目標を達成するためには、その目標の高さに応じたリソースが必要となります。つまりリソースとは目標を達成するために必要となるあらゆる要素や手段を指します。ビジネスシーンで扱うリソースは、大まかに**組織のリソース**と**個人のリソース**の2つがあります。

組織のリソースとは、企業活動に必要な経営資源のことで、**ヒト・モノ・カネ・情報**の4つで表されます。

また、個人のリソースとは、個々人が目指す目標を達成するために必要な影響力のことで、**個人の力・公式の力・関係性の力**の3つで表すことができます。

組織のリソース：経営資源となる4つの要素

ヒト		ヒト(人)とはつまり人材。経営者、管理職、アルバイト、派遣社員など役職や雇用形態を問わず組織に関わる人的な資源 質問例：「手伝ってくれる人や相談にのってくれる人は誰ですか?」 「目標達成のために誰の力を借りる必要がありますか?」
モノ		モノ(物)とはオフィス、設備、 商品やサービスなど、組織が所有し、活用する物的な資源 質問例：「目標達成に活用できる機材や資材はありますか?」 「自由に設備が使えるとしたらどんな設備や機材を使いますか?」
カネ		カネ(金)とは、組織を運営していくための資金。現金だけでなく借入金や株式なども含め、人材を雇ったり設備を整えるために必要となる資源 質問例：「どのように予算を使っていきたいと考えていますか?」 「もし自由に予算が使えるとしたら何に投じますか?」
情報		情報は、顧客情報やノウハウ、技術や特許、さらに業務で活用されている各種データといった無形の資源 質問例：「過去のデータで目標達成に活用できるものは何ですか?」 「どのような情報があればこの状況を変えられそうですか?」

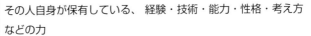

個人のリソース：人や組織を動かす3つの要素

個人の力 	その人自身が保有している、 経験・技術・能力・性格・考え方などの力 質問例： 「自分自身のどんな技術や能力が活かせそうですか?」 「過去に同じような場面を乗り越えるときにどんな力を発揮しましたか?」
公式の力 	その人が所属する組織や集まりでの、 権力・権限・制度などの力 質問例： 「どのような権限があったなら目標達成ができますか?」 「もしあなたが上司の立場ならどんな権限や制度を使いますか?」
関係性の力 	その人が活用することのできる、人脈・人間関係などの力 質問例： 「手伝ってくれる人や相談にのってくれる人は誰ですか?」 「チームメンバーが一丸となれたらどんなことができますか?」

● 組織のリソースを引き出す対話例

　ヒト・モノ・カネ・情報の4つの経営資源は、主に企業経営を考えるためのフレームワークですが、1on1でのメンバーの目標達成にも活かすことができます。

　　メンバー：「新商品の販売は好調なのですが、生産ラインが遅れており正確なスケジュールも見えてこないので、目標通り進むのかわからず心配なんです」

　　　　上司：「誰か手伝ってくれる人や相談にのってくれる人はいますか？」（**ヒト**）

　　メンバー：「別の生産ラインを管理してるCさんに相談してみようかな…」

　　　　上司：「生産設備や機材の観点で何か考えられることはありますか？」（**モノ**）

　　メンバー：「今から新しい設備を入れることはできないですが…ああ、新商品に最適化したレイアウトにすることで効率化できるかもしれません」

　　　　上司：「予算を使ってできることはありますか？」（**カネ**）

　　メンバー：「販売が好調なので、追加予算を申請してボトルネックになっている工程の作業者を増やしてもらうということを検討するのも良いですね」

　　　　上司：「社内のデータやノウハウの観点はどうでしょうか？」（**情報**）

　　メンバー：「似た商品があればスケジュールの参考になるかもしれないです…ああ、話していたら目標達成に向けて色々できそうに思えてきました」

● 個人のリソース引き出す対話例

> メンバー：「私がリーダーになったマーケティングチームですが、皆の目指す方向がバラバラだし、こっちが思うようにはなかなか動いてくれないのですよね」

> 上司：「その状況を変えていくために、自分の中のどのような性格や能力を使っていけそうですか？」（**個人の力**）

> メンバー：「怒鳴って人を動かすタイプではないですし、曲がったことが好きではないので、その性格を活かしていきたいですね」

> 上司：「素直で真っ直ぐな性格はどのように活かせそうですか？」

> メンバー：「自分は口下手なのですが、ここは思っていることを正直に伝えて、チームメンバーと真剣に話す機会を作るのが良いかもしれません」

> 上司：「では、チームメンバーを動かしていく上で役に立つ権限や制度はありますか？」（**公式の力**）

> メンバー：「ああ、社内の懇親会制度は使えるかもしれません。そういったタイミングであれば正直に話す機会も作りやすいですし」

> 上司：「それを進めていく上で手伝ってくれる人やサポートしてくれる人はいますか？」（**関係性の力**）

> メンバー：「そうだ！　別の事業部になりますが同期のマーケティングチームのリーダーがいるので、その人に参加してもらえば味方として動いてくれますね」

> 上司：「上手くやれそうな感じがしますか？」

> メンバー：「ええ、やれそうな気がします。少し落ち込んでいたのですが、やることが見えたらなぜかわくわくしてきました！」

対話を通じて、メンバーがまだ気がついていないリソースを引き出すことで、目標達成に向けての視野が広がります。これにより、新しい選択肢に気づけるようになり、「やれそうだ」という前向きな気持ちに変化していきます。

第9章　1on1のステップ③　メンバーの行動を後押しする

●引き出せるリソースを広く認識する

1on1を通じてメンバーのリソースを引き出すことで、困難な目標に対しても新たな道筋を描けるようになり、目標達成に向けての一歩を踏み出せるようになります。

組織や個人のリソースを棚卸しすることは、メンバーが望む成果への大きな支援になるのです。

そのため、引き出せるリソースを幅広く認識しておくことが非常に重要です。リソースだとは思ってもいなかったものが、実はリソースになるというのはよくある話です。

例えば、あと一歩で大口顧客が受注できそうなのに、決め手に欠ける場面などでは、普段は接点のない社長や重役に協力してもらうことで決め手にする場合もあります。リソースについて整理する際は、一旦常識を捨て、頭を柔らかくして考えるのがよいでしょう。

組織のリソースと個人のリソース

組織のリソース

ヒト

モノ

カネ

情報

個人のリソース

個人の力

公式の力

関係性の力

● 人材は資源ではなく資本

　個人と組織のリソース（資源）について説明してきましたが、この資源という捉え方が、変化しているのはご存じでしょうか？

　近年、広まっている考え方に、人材を資源ではなく資本と捉える「**人的資本経営**」があります。経済産業省では、「人材を資本として捉え、その価値を最大限に引き出すことで、中長期的な企業価値向上につなげる経営のあり方」と定義しており、1on1の普及も、この人的資本経営の考え方が関係しています。

　それでは、この「資源」と「資本」にはどのような違いがあるのでしょうか？

　資源とは、使用するごとに減っていくものであり、いかに効率的に消費するかが重要なポイントです。一方で、資本とは、投資によって価値を高め、いかに効率的に資本を増やすかが重要なポイントなのです。つまり、人材の知識・スキル・能力といった成長要素に投資して、価値の向上を図るというものです。

　1on1で考えるならば、メンバーを投資対象として捉え、1on1による支援で成長を促し、その価値を高めていくというものです。1on1を理解する上でも、この人材を資本として捉える考え方は知っておきましょう。

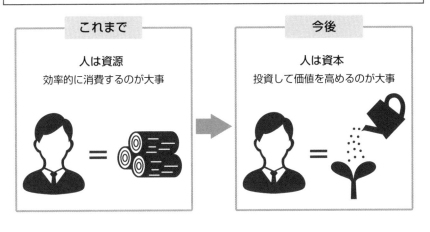

人材は「資源」から「資本」へ

これまで　　　　　　　　今後
人は資源　　　　　　　　人は資本
効率的に消費するのが大事　投資して価値を高めるのが大事

9-6

発散と収束で行動の選択肢を絞り込む

目標達成を後押しするGROWモデル。その4つ目の要素が選択肢（Options）です。
ここでは、目標達成に向けての適切な行動の選択肢を、洗い出し（発散）と絞り込み（収束）の2つのステップで見つけ出していく流れを説明します。

洗い出しと絞り込みのステップで適切な選択肢を見つけ出す

● 発散と収束で選択肢を絞り込む

　目標へのギャップを埋めていくこと、つまり問題や課題を解決していくには、現状と現状のリソース（資源）を踏まえた適切な行動を選択することが大切です。そのためには、幅広く選択肢を洗い出す**発散**と、そこから効果的で実現できる選択肢を絞り込むという**収束**の2つのステップが有効です。

● 幅広く選択肢を洗い出す

　適切な行動の選択肢を見つける最初のステップは「**洗い出し（発散）**」です。
　まずは**自由な発想**で行動の選択肢のアイデアを可能な限り多く出していきます。
　「洗い出し（発散）」のポイントは、有効性や実現性を意識せずとにかく沢山の行動の選択肢を出していくことです。上司もアイデア出しに加わって**ブレインストーミング**の形式で進めていくのもよいでしょう。

　　メンバー：「集客目標の達成にはメールマガジンの送付が良いと思います」
　　　　上司：「他には？」（発散）
　　メンバー：「あとは、Web広告とかダイレクトメールですかね」
　　　　上司：「一旦コストは意識せずにアイデアを出してみませんか？」（発散）
　　メンバー：「自由に考えてよいのなら…営業部門に協力してもらいたいです。それから、代理店を使えばかなりの集客ができそうです」

● 効果的な選択肢を絞り込む

　洗い出した幅広い選択肢から、有効性や実現性を基準にして適切な選択肢を選定していくのが「**絞り込み（収束）**」です。上司は**有効性**（インパクトや重要さ）と**実現性**（実現可能でメンバー自身もやりたいと思える）についてメンバーに整理してもらいながら焦点を絞っていきます。

　　　　上司：「この中で最も目標達成に効果が高い案はどれですか？」（収束）

　　メンバー：「メールマガジンも必要ですが、営業部門に協力してもらうアイデアは効果が高いと思います」

　　　　上司：「実現できそうで、やってみたいと思える案ですか？」（収束）

　　メンバー：「はい、今までやったことがない案なのでやってみたいです」

　「絞り込み（収束）」のポイントは、出来る限りメンバー自身に選択肢を絞り込んでもらうことです。それにより、納得感や責任感が高まり、より主体的に行動する意欲が湧いてくるためです。

　ただし、目標へのわくわく感や資源の棚卸しが不足しているとメンバーはプレッシャーや不安の割合が増してしまい、実現性に偏った選択肢を選ぶようになります。そのような場合には、批判や評価をせず「もう一歩踏み出してみませんか？」など鼓舞しながら、有効性とのバランスをとっていくのがよいでしょう。

適切な選択肢を見つけ出すステップ

ステップ1：洗い出し（発散）

選択肢　選択肢　選択肢　選択肢　選択肢

有効性
実現性

ステップ2：絞り込み（収束）

適切な
選択肢

- 質より量を意識して自由に考える
- 広げる質問や捉え方を変える質問が有効
- 資源を自由に使えるイメージで考える
- どのようなアイデアも批判や評価をしない

- メンバー自身に絞り込んでもらう
- 有効性と実現性のバランスを考える
- わくわく感や資源の棚卸しが自信になる

意思を確かめて行動を後押しする

目標達成を後押しするGROWモデル。最後の5つ目の要素が意思（Will）です。ここでは、目標達成に向けて適切な選択肢を実際の行動に移していくための3つのステップを紹介していきます。

目標達成に向けた意思を確かめて行動を後押しする

● 心理的な障壁が実行を妨げる

行動計画を立てるのと、それを実行することの間には壁があります。例えば、効果的な選択肢を絞り込んだ後に、メンバーが「そのアイデアは素晴らしいですね！すぐに取り組みます」と言ったとしても、その後、実行に移さないことはよくあります。その主な原因は心理的な障壁です。

心理的な障壁は、不安や手間によって行動を躊躇し、何から始めるべきか悩み続けて時間が経過してしまうなど、行動を妨げる心理的な要因です。

この心理的な障壁を乗り越えるために、上司が伴走者となって意思を確かめ、行動を後押ししていくことが大切です。

● 意思を確かめて行動を後押しする

メンバーの伴走者となって適切な選択肢を行動に移していくために、意思確認、細分化と具体化、気持ちの後押しの3つのステップで支援をします。

行動の意思確認はメンバーに実行する意志があるかどうかを確認することです。主体性が大切であるため、上司ではなくメンバーの意思を確認します。

行動の細分化と具体化は行動をより細かく分解して、実行しやすい大きさにします。いつ、誰と、どのように取り組んでいくのかなどを具体化します。

行動の後押しは、行動が上手くいった場面をイメージしてもらったり、応援や鼓舞によって気持ちの面での後押しをします。

● 意思を確かめる対話例

上司：「営業部門に協力してもらうアイデアを本当に実行するか決めてください。迷うようならもう少し一緒に考えましょう」（**意思確認**）

メンバー：「大丈夫です。このアイデアで進めます！」

上司：「では、最初の一歩として何から手を付けましょうか？」（**細分化**）

メンバー：「いきなり営業部門全体が協力してくれるとは限らないので、まずは営業部にどうやって協力してもらえそうかを探っていきたいと思います」

上司：「いつからどのように進めますか？」（**具体化**）

メンバー：「営業部に知り合いがいるので、明日その人に相談したいと思います」

上司：「もし営業部門が協力してくれたらどのような良い影響が出てきそうですか？」（**上手くいった場面をイメージ**）

メンバー：「集客目標の達成だけでなく、営業部門との関係も良くなりそうで、なんだか楽しみです！」

上司：「そうですね！　なにかあったらいつでも声をかけてください」（**応援**）

メンバーが心理的な障壁を乗り越えるためには、メンバー自身の意思を尊重しながら、一歩ずつ着実に前進していけるよう支援していくことが大切です。

選択肢を行動に移す３つのステップ	
適切な選択肢	洗い出しと絞り込みで適切な選択肢を見つける
行動の意思確認	目標達成に向かって行動をしていく意思があることを確認する 質問例：「必ず実行すると心に決めましたか？」 「実行の意思を10点満点で表すならいくつですか？」
行動の細分化と具体化	行動を細分化し、いつ、だれと、どのように進めていくかを具体化する 質問例：「これならできると感じる最初の一歩は何ですか？」 「それをいつまでにやりますか？」
気持ちの後押し	実行が上手くいったイメージや、応援・鼓舞で気持ちの後押しをする 質問例：「上手くいったら周りの人は何と声をかけてくれますか？」 「心配しないで大丈夫です！きっと上手くいきますよ」
行動	実行できたら「しっかり前進していますね」などメンバーを承認する。実行できなくても批判せずに、「何が妨げになりましたか？」と改善のための質問をしたり、行動をさらに細分化して実行のハードルを下げていく（スモールステップ）ようにする。

Column 9
スムーズな流れを取り戻す

「1on1の効果を感じない」という声を耳にすることがあります。しかし、1on1のプロセスによって特別なエネルギーが湧き上がり、活気に満ちた人々がイキイキと活躍する姿を見ると、改めて1on1の意味とその力強さに気づかされます。

現代社会は高度に複雑化しており、自身の働きが何のためにあるのかを見失うことがあります。役割や責任、評価、批判などの要素は組織が機能する上で不可欠ですが、これらが強調されすぎると、メンバーの内に秘めたエネルギーを抑制してしまうことになります。

1on1の目的は、これらの抑制を取り除き、エネルギーの流れを正常に戻すことです。例えるなら、複雑に絡まって水の流れが悪くなったホースを解きほぐし、元のスムーズな水の流れを取り戻しているようなものです。

日本の心理学者である河合隼雄は、心のエネルギーに関して以下のように述べています。

"人間には、身体的なエネルギーだけではなく、心のエネルギーというものもある、と考えると、ものごとがよく了解できるようである。
同じ椅子に一時間座っているにしても、一人でぼーと座っているのと、客の前で座っているのとでは疲れ方がまったく違う"

"人間の心のエネルギーは、多くの「鉱脈」のなかに埋もれていて、新しい鉱脈を掘り当てると、これまでとは異なるエネルギーが供給されてくるようである"

効果的な1on1のためには、多くの知識や技術、ステップが必要であり、時間もかかると感じる方もいるかもしれませんが、目指す所は意外にシンプルです。

1on1で目指すのは、関係性と対話によって、心のエネルギーを阻害する要素を取り除くことです。それにより、本来のスムーズな流れを取り戻して、メンバーのエネルギーを最大限まで引き出していくのです。

1on1は、単なるプロセスや手続きではなく、メンバーとの深いつながりを築き、共に成長し合う機会なのです。

第**10**章

1on1に役立つヒント

継続的に1on1に取り組んでいると、「こんな時どうした
らよいのだろうか？」と悩んでしまうことがあります。最
後となるこの章では、1on1に取り組む際に上司が直面す
る可能性のある、ちょっと困った状況を克服するための
ヒントを紹介していきます。

10-1

メンバーに本音や感情を
話してもらうには

信頼関係が築けるまでは、あたりさわりなのない話になりますが、関係性が深まり、心
の扉が開いてくると、少しずつ本音や感情を話してくれるようになります。1on1でメン
バーが安心して話せる雰囲気をつくり、本音を話してくれたときに感謝やリスペクトを
伝えることが大切です。

しくじり体験や弱さを話して本音や気持ちを話しやすい雰囲気をつくる

●自分のしくじり体験（失敗）や弱みを話す

　関係性ができても1on1で本音を話すことに抵抗や苦手意志を感じる人もいま
す。本音を言ってネガティブな印象をもたれるかもしれないとリスクを感じること
もあります。本音を話さないからといって、イライラしたり、無理に本音を聞き出
そうとすると逆効果です。メンバーは心を閉じて本音を言わず、上司にあわせた
発言をします。メンバーが本音や感情を話してくれないときには、上司が自分のし
くじり体験や弱み、感情や本音などをメンバーに話してみましょう。メンバーも感
情や本音が話しやすい雰囲気になります。**しくじり体験**をユーモアを交えて笑い話
にすることも有効です。

●本音をキャッチしてオウム返しをする

　メンバーが安心して話せるように、穏やかな笑顔、相づちなどで話しやすい雰
囲気をつくります。メンバーの話に共感や承認、傾聴をしていきます。丁寧に注意
深く話を聴いていると本音や感情をポツリ、ポツリと話してくれることがあります。
本音をキャッチできたら、その本音をゆっくりオウム返しをします。少し間をとっ
てから、「もう少し教えてくれませんか？」と質問してみましょう。そこから話が
展開して、今まで話してくれなかったことについて、いろいろ話してくれるかもし
れません。もちろん、話したくないよう表情、雰囲気なら無理に話してもらわずに、
話題を変えましょう。そしてタイミングを見て本音や感情を聴けて良かったことを
伝えましょう。本音や感情を話してくれたときに、それをキャッチして応答するこ

とで、少しずつ本音を話すことが増えていきます。

　本音や感情を話してくれたときに、それをキャッチして応答することで、少しず
つ本音を話すことが増えていきます。

自分のしくじり体験や弱みを話す

> そうなんですか。
> ○○さんでもミスする ことが
> あるのですね。

> 実は○○をミスしてしまって、
> チームメンバーに迷惑をかけて
> しまったことがあります。

本音をオウム返しする

> 実は○○ (本音)
> なんです…。

> ○○なんですね。
> (ゆっくりとオウム返し)

第10章　1on1に役立つヒント

承認のポイントがわからないときは

メンバーとの信頼関係を構築するうえで「承認」は大切な要素です。子供から大人まで誰でも「他人や社会から認められたい」「自分を価値ある存在として認めたい」という欲求を持っています。メンバーを承認することで関係性が良好になります。メンバーのやりがいやモチベーション、自己肯定感を高めるためにも承認は効果的です。

承認で働きがいとやりがいを高める

● 存在、行動、結果、成長の4つの承認ポイント

・存在承認

メンバーの存在を承認します。笑顔で挨拶、名前を呼ぶ、相手の顔を見て話す、意見を求める、相手を気にかける、見守ることなどです。存在承認が満たされると関係の質を高めることにつながります。

・行動（プロセス）承認

行動や努力、協力などを承認します。結果は本人以外の影響も受けてコントロールしにくいですが、行動は本人の意思でコントロールしやすいです。

・成長承認

成長した点、良くなった点やできた点に注目します。他人との比較よりも個人の成長を重視することがポイントです。

・結果承認

結果を出したときにしっかりと承認とモチベーションが高まります。ただし、結果の承認のみに注目すると、結果の質から始まるバッドサイクルに陥るので（P28参照）、存在をベースに行動、成長、結果をバランス良く承認していきましょう。

● 日頃の承認が重要

　メンバーが努力して結果を出しても、承認をしないとメンバーが不満を持ち、モチベーションが下がることもあります。メンバーがやりがいを持って仕事するためにも適切に承認していきましょう。メンバーを承認するためには、日頃からメンバーを気にかけたり、モニタリングをして承認する材料や情報を収集をしていきましょう。それを日常業務や1on1で伝えていきしまょう。

存在、行動、成長、結果の4つの承認

存在承認	行動承認	成長承認	結果承認
メンバーの存在を承認する	メンバーの行動を承認する	メンバーの成長や良くなった点、できるようになった点を承認する	メンバーの仕事の成績や結果などを承認する

存在承認

メンバーの存在を承認する

・顔をみて挨拶する
・笑顔で名前を呼ぶ
・気にかけるなど

行動承認

メンバーの行動を承認する

新しいメンバーのサポートをしてくださって助かりました

メンバーへの1on1頑張っていますね

成長承認

メンバーの成長や良くなった点、できるようになった点を承認する

○○さんの資料のまとめ方が上達しましたね

ファシリテーションのスキルがアップしましたね

結果承認

メンバーの仕事の成績や結果などを承認する

目標達成しましたね！
素晴らしいです

営業成績がアップしましたね！
おめでとうございます

10-3
ACTマトリックスで心理的柔軟性を高める

仕事が忙しくなると1on1の時間がとれず、先延ばしにしてしまうことがあるかもしれません。共感的に話を聴こうとしていても、焦っているときは、つい批判的なことを言ってしまいます。ACTマトリックスを活用して大切にしたいことから離れていく行動を減らして、大切なことに向かっていく行動を増やしていきましょう。

ACTマトリックスで悪習慣を断ち切り、建設的行動を増やす

●ACTとは

ACT（アクセプタンス＆コミットメント・セラピー）は第3世代の認知行動療法（心理療法）です。心理的柔軟性（ネガティブな思考や感情を受け入れながら、大切なことに向かう行動を増やす）を高め、生活の質の向上につなげることを目的にしています。

●ACTマトリックスとは

心理的柔軟性を身につけるツールが**ACTマトリックス**です。ACTマトリックスは4つの領域から構成され、さまざまな体験を分類します。次頁の図を参照ください。

図の上半分は五感の体験、目に見える行動です。図の下半分は内的体験、目に見えない心の中（思考、感情、感覚）のことです。図の右半分は「近づきたい・向かいたい」と思う、幸せなものです。図の左半分は「離れたい・回避したい」と思う、不快な感情や思考、不幸せなものです。

そのため、右下は大切なこと、価値あることなどです。右上は大切なことに近づくための具体的な行動や建設的な行動などです。左下は大切なことから離れる、大切なことに近づくのを妨げる不快な感情や思考などです。左上は不快な感情や思考から離れる、逃げるためにしている行動、役に立たない非建設的な行動、繰り返しやってしまうことなどです。

ACTマトリックスで体験を分類すること自体が気づきになり、行動レパートリー（右上）を増やし、実践することが重要です。活用できるとパワフルな効果を発揮します。

ACTマトリックスで体験を分類して建設的な行動を増やそう

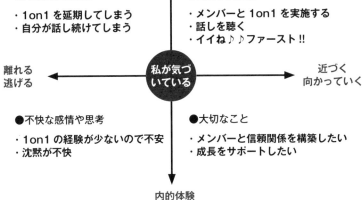

五感の体験
（目に見える行動）

●大切なことから離れる行動
（非建設的な行動）

・1on1を延期してしまう
・自分が話し続けてしまう

●大切なことに近づくための行動
（建設的な行動）

・メンバーと1on1を実施する
・話しを聴く
・イイね♪♪ファースト!!

離れる
逃げる　　　　　　　　私が気づ　　　　　　　　近づく
　　　　　　　　　　　いている　　　　　　　　向かっていく

●不快な感情や思考

・1on1の経験が少ないので不安
・沈黙が不快

●大切なこと

・メンバーと信頼関係を構築したい
・成長をサポートしたい

内的体験
（目に見えない心の中のこと）

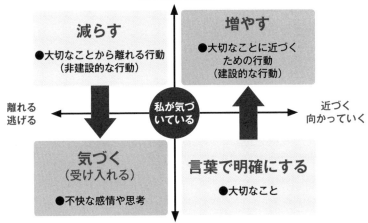

五感の体験
（目に見える行動）

減らす

●大切なことから離れる行動
（非建設的な行動）

増やす

●大切なことに近づく
ための行動
（建設的な行動）

離れる
逃げる　　　　　　　　私が気づ　　　　　　　　近づく
　　　　　　　　　　　いている　　　　　　　　向かっていく

気づく
（受け入れる）

●不快な感情や思考

言葉で明確にする

●大切なこと

内的体験
（目に見えない心の中のこと）

出典：石井遼介『心理的安全性のつくりかた』（日本能率協会マネジメントセンター）をもとに作成

10-4

オンラインで1on1をするときは

リモートワークの普及によってオンラインでの1on1も一般的に行われています。基本的な流れは直接対面する1on1と大きく変わりませんが、リアルとオンラインそれぞれの特性と、メリット・デメリットを理解しておくことが大切です。

1on1はリアルとオンラインそれぞれにメリット・デメリットがある

●リアルとオンラインの特性の違い

ZOOMなどの**Web会議ツール**が普及し、**リモートワーク**が一般化したことでオンライン上でのコミュニケーションは当たり前のものとなりました。

そのため、1on1をオンラインで実施している企業も多いのではないでしょうか。

基本的な流れや進め方は、**リアル**でも**オンライン**でも変わりません。ただし、オンラインでの1on1は、微妙なタイムラグによってテンポの良い会話がしにくいことや、身振り手振りなどの非言語コミュニケーションがわからず、メンバーの雰囲気が伝わらないなど、直接対面によるリアルでの1on1に比べて効果的な対話が難しいという意見もあります。

●オンラインのメリット

オンラインの1on1には確かにデメリットがありますが、その代わりに時間や場所の制約が少なく、スケジュールの合わせやすさや、リアルよりもプレッシャーが軽減されるなど、オンラインならではのメリットもあります。特に、複数のメンバーに対して1on1を行う上司の場合、時間の有効活用がしやすく効率も良いでしょう。

効率性に注目されがちなオンラインでの1on1ですが、Web会議ツールの画面共有やカメラ・音声のON/OFFといった機能の活用も利点となります。

特にカメラをOFFにして行う対話は、画面内の相手を意識する必要がなくなるため、服装や髪型に気を使う必要がなく、自由に姿勢を変えたり目を瞑って話せる

など、リラックスした対話が可能です。

　そのため、過去の出来事を回想したり、理想の未来を思い描くなど、イメージの世界に入りやすくなるだけでなく、思いや感情といった心の状態や変化にも焦点を当てやすくなるのです。

　リアルとオンラインそれぞれの特性を活かした1on1を意識してみましょう。

リアルとオンラインでの特性の違い	
リアルでの 1on1 （直接対面）	**オンラインでの 1on1** （Web 会議形式）
特性 ・物理的に対面している ・時間や場所の制約が大きい ・五感を使って対話をする	・仮想的に対面している ・時間や場所の制約が小さい ・Web 会議ツールを使って対話をする
メリット ・リアルタイムでのテンポの良い会話ができる ・身振り手振りなどから言葉にならない雰囲気が伝わってくる ・1on1 の前後でちょっと雑談や世間話ができる ・視線を合わせたり距離を詰めることで熱量や真剣さが伝わりやすい	・スケジュールが合わせやすいため効率的に実施できる ・画面共有や録画など Web 会議ツールの機能を使える ・音声のみの対話でイメージの世界や心の動きに焦点をあてやすくなる ・手元の動きが相手から見えないためメモや PC 操作がしやすい。
デメリット ・スケジュールが合わせにくくオンラインより実施効率が悪い ・Web 会議ツールを使うためには PC を立ち上げないといけない ・目の前に相手がいるためプレッシャーで気疲れしやすい ・メモや PC 操作をすると「何を書いてる?」と相手が気にしてしまう	・通信環境によりタイムラグが発生するためテンポの良い会話がしにくい ・非言語による情報が得にくいため相手の雰囲気がわかりにくい ・接続と切断が明確なためスモールトークが発生しない ・相槌や表情を大きくしないと話が伝わっているか不安になる

参考文献

アンドリュー・S・グローブ（2017）『HIGH OUTPUT MANAGEMENT』日経BP

池見 陽（1995）『心のメッセージを聴く』講談社現代新書

池見 陽(編集)（2016）『傾聴・心理臨床学アップデートとフォーカシング―感じる・話す・聴くの基本』ナカニシヤ出版

石井 遼介（2020）『心理的安全性のつくりかた』日本能率協会マネジメントセンター

石村 郁夫（2019）『ストレスに動じない "最強の心"が手に入る セルフ・コンパッション』大和出版

伊藤 絵美（2011）『ケアする人も楽になる 認知行動療法入門BOOK1』医学書院

伊藤 絵美（2011）『ケアする人も楽になる 認知行動療法入門BOOK2』医学書院

伊藤 絵美ほか（2013）『スキーマ療法入門 理論と事例で学ぶスキーマ療法の基礎と応用』星和書店

伊藤 絵美（2021）『コーピングのやさしい教科書』金剛出版

エドワード・L. デシ（1999）『人を伸ばす力―内発と自律のすすめ』新曜社

樺沢 紫苑（2020）『精神科医が教える ストレスフリー超大全 ── 人生のあらゆる「悩み・不安・疲れ」をなくすためのリスト』ダイヤモンド社

河合 隼雄（1998）『こころの処方箋』新潮社

クリス・アイロン (著), エレイン・バーモント (著), 石村 郁夫 (翻訳), 山藤 奈穂子 (翻訳)（2021）『コンパッション・マインド・ワークブックあるがままの自分になるためのガイドブック』金剛出版

クリスティン・ネフ (著), 石村 郁夫 (翻訳), 樫村 正美 (翻訳), 岸本 早苗 (翻訳), 浅田 仁子 (翻訳)（2021）『セルフ・コンパッション[新訳版]』金剛出版

グロービス経営大学院（2008）『グロービスMBAマネジメント・ブック』ダイヤモンド社

坂中 正義ほか（2015）『ロジャーズの中核三条件 受容:無条件の積極的関心:カウンセリングの本質を考える2 受容』創元社

島田 友和 (著), 寺内 健朗 (著)（2023）『60分でわかる！ 1on1ミーティング実践 超入門』技術評論社

ジョセフ オコナー（2012）『コーチングのすべて―その成り立ち・流派・理論から実践の指針まで』英治出版

スティーブン・G・ロゲルバーグ（2023）『1on1ミーティングの効果を最大化する方法 DIAMOND ハーバード・ビジネス・レビュー論文』ダイヤモンド社

世古 詞一（2020）『対話型マネジャー 部下のポテンシャルを引き出す最強育成術』日本能率協会マネジメントセンター

高尾 義明（2021）『「ジョブ・クラフティング」で始めよう 働きがい改革・自分発!』日本生産性本部 生産性労働情報センター

デール カーネギー（1999）『人を動かす』創元社

長谷川 亮 (著), 佐々木 規夫 (監修)（2019）『メンタル不調者のための　脱うつ 書くだけ３０日ワーク』日本能率協会マネジメントセンター

原田 将嗣 (著), 石井遼介 (監修)（2022）『最高のチームはみんな使っている 心理的安全性をつくる言葉55』飛鳥新社

平木 典子（2009）『改訂版　アサーション・トレーニング ―さわやかな〈自己表現〉のために』金子書房

平木 典子（2015）『アサーションの心　自分も相手も大切にするコミュニケーション』朝日選書

ヘンリー・キムジーハウスほか（2012）『コーチング・バイブル―本質的な変化を呼び起こすコミュニケーション』東洋経済新報社

本間浩輔（2017）『ヤフーの1on1―部下を成長させるコミュニケーションの技法』ダイヤモンド社

前野 隆司ほか（2022）『ウェルビーイング』日本経済新聞出版

三國 牧子ほか（2015）『ロジャーズの中核三条件 受容:無条件の積極的関心:カウンセリングの本質を考える3 共感』創元社

本山 智敬（2015）『ロジャーズの中核三条件 受容:無条件の積極的関心:カウンセリングの本質を考える1 一致』創元社

諸富 祥彦（2010）『はじめてのカウンセリング入門（上）―カウンセリングとは何か』誠信書房

諸富 祥彦（2010）『はじめてのカウンセリング入門（下）―ほんものの傾聴を学ぶ 』 誠信書房

諸富 祥彦（2012）『カウンセラー、心理療法家のためのスピリチュアル・カウンセリング入門(上)　理論編』誠信書房

諸富 祥彦（2012）『カウンセラー、心理療法家のためのスピリチュアル・カウンセリング入門(下)　方法編』 誠信書房

諸富 祥彦（2014）『新しいカウンセリングの技法 :カウンセリングのプロセスと具体的な進め方』誠信書房

諸富 祥彦（2021）『カール・ロジャーズ カウンセリングの原点 』角川選書

諸富 祥彦（2022）『カウンセラー、コーチ、キャリアコンサルタントのための自己探究カウンセリング入門:EAMA(体験 ・ アウェアネス ・ 意味生成アプローチ)の理論と実際』誠信書房

諸富 祥彦（2022）『カウンセリングの理論 (上):三大アプローチと自己成長論』誠信書房

諸富 祥彦（2022）『カウンセリングの理論 (下):力動論・認知行動論・システム論』誠信書房

諸富祥彦 (著), 島田友和 (著), 青木美帆 (著) (2022)『プロカウンセラーが教える 1on1コミュニケーション入門 ビジネスもプライベートもうまくいく「聴く力」練習ノート』清談社Publico

森田汐生 (2009)『気持ちが伝わる話しかた──自分も相手も心地いいアサーティブな表現術』(主婦の友社)

森田汐生 (監修) (2017)『働く人のコミュニケーションサポートブック アサーティブな話し方・伝え方』(現代けんこう出版)

厚生労働省 (2019)『令和元年版 労働経済の分析 ─人手不足の下での「働き方」をめぐる課題について─』

ICF Japan Chapter | 一般社団法人国際コーチング連盟 日本支部 https://icfjapan.com/

SH Schwartz (1992).Universals in the Content and Structure of Values: Theoretical Advances and Empirical Tests in 20 Countries

Methot, et al (2020) Office Chit-Chat as a Social Ritual: The Uplifting Yet Distracting Effects of Daily Small Talk at Work.

Kolb,D,A (1984) .Experiential Learning: Experience as the Source of Learning and Development

Gerard Seijts, et al (2006) What engages employees the most or, The Ten C's of employee engagement

Bandura, A. (2010). Self-efficacy

索引

索引

著者

寺内 健朗（てらうち たけはる）

株式会社グロービス所属。内定者・新人向け学習サービスの責任者として従事した後、社会人向け動画学習サービスのコンテンツ開発を担当。グロービス人材マネジメント・組織行動研究グループの研究員として、事例研究・コンテンツ開発にも携わる。自身の経験にもとづき、アートと心の成長をテーマとして働く人々の成長支援活動を行っている。グロービス経営大学院経営研究科経営専攻（MBA）修了。産業カウンセラー資格、GCS 認定コーチ。芸術科学会主催 NICOGRAPH 優秀賞受賞。著書に『60 分でわかる！1on1 ミーティング実践 超入門』（技術評論社、共著）。

島田 友和（しまだ ともかず）

青山学院大学卒業、グロービス経営大学院経営研究科経営専攻（MBA）修了。公認心理師、社会保険労務士（有資格）、社会福祉士などを保有。1on1 や心理的安全性、アサーション、ストレスマネジメントについて研修を行う「ワ☆ノベーション」代表。総合心理教育研究所学術客員研究員。株式会社リヴァ リヴァトレでメンタル不調者の社会復帰を支援。1on1 コミュニケーションスクール代表。グロービス 1on1 トレーニング公認クラブ代表。マイナビ「ささえるラボ」に連載、「シゴト Live」で動画配信。著書に『プロカウンセラーが教える 1on1 コミュニケーション入門』（清談社 Publico、共著）、『60 分でわかる！1on1 ミーティング実践 超入門』（技術評論社、共著）がある。

執筆協力

御代貴子

STAFF

校正　ペーパーハウス、谷口伸郎
イラスト　加賀谷育子、ハタ・メディア工房
カバーイラスト　mammoth.

図解入門ビジネス
マネジメントに役立つ
1on1の基本と実践がよくわかる本

| 発行日 | 2024年　3月11日 | 第1版第1刷 |

著　者　寺内　健朗／島田　友和

発行者　斉藤　和邦
発行所　株式会社　秀和システム
　　　　〒135-0016
　　　　東京都江東区東陽2-4-2　新宮ビル2F
　　　　Tel 03-6264-3105（販売）Fax 03-6264-3094
印刷所　三松堂印刷株式会社　　　　Printed in Japan

ISBN978-4-7980-7098-8 C0034